FACULTÉ DE DROIT DE PARIS

THÈSE POUR LE DOCTORAT

L'ACTE PUBLIC SUR LES MATIÈRES CI-APRÈS SERA SOUTENU

Le mercredi 23 décembre 1868, à 2 heures

DE L'ADPROMISSIO EN DROIT ROMAIN

ET

DU CAUTIONNEMENT EN DROIT FRANÇAIS

PAR

Albert CARDONNEL

NÉ A AUCH (GERS), LE 9 OCTOBRE 1845

PRÉSIDENT : M. BONNIER, *professeur.*

SUFFRAGANTS :
MM. COLMET DAAGE,
GIRAUD,
DUVERGER,
professeurs.
GIDE,
agrégé.

LE CANDIDAT RÉPONDRA EN OUTRE AUX QUESTIONS QUI LUI SERONT
FAITES SUR LES AUTRES MATIÈRES DE L'ENSEIGNEMENT

PARIS
TYPOGRAPHIE DE CH. MEYRUEIS
RUE CUJAS, 13
1868

THÈSE POUR LE DOCTORAT

L'ACTE PUBLIC SUR LES MATIÈRES CI-APRÈS SERA SOUTENU

Le mercredi 23 décembre 1868, à 2 heures

DE L'ADPROMISSIO EN DROIT ROMAIN

ET

DU CAUTIONNEMENT EN DROIT FRANÇAIS

PAR

Albert CARDONNEL

NÉ A AUCH (GERS), LE 9 OCTOBRE 1845

PRÉSIDENT : M. BONNIER, *professeur.*

SUFFRAGANTS : MM. COLMET DAAGE,
GIRAUD,
DUVERGER, *professeurs.*
GIDE, *agrégé.*

LE CANDIDAT RÉPONDRA EN OUTRE AUX QUESTIONS QUI LUI SERONT
FAITES SUR LES AUTRES MATIÈRES DE L'ENSEIGNEMENT

PARIS
TYPOGRAPHIE DE CH. MEYRUEIS
RUE CUJAS, 13

1868

INTRODUCTION

La garantie fournie par une personne pour une
autre à qui le créancier ne veut pas se confier, semble avoir été toujours et partout admise et pratiquée,
sauf des différences dans les formes et le fonctionne-
ment de l'institution (1). Cette garantie n'est point
en effet une création artificielle, elle ressort de la
nature même des choses. Au point de vue du créancier elle est fondée sur cet axiome formulé par le
Fabuliste :

> Deux sûretés valent mieux qu'une,
> Et le trop en cela ne fut jamais perdu (2).

Au point de vue de la caution, l'acte a sa source
dans cette loi morale qui nous oblige à nous aider et
à nous secourir les uns les autres (3).

Le cautionnement envisagé au point de vue écono-
mique est un moyen puissant de favoriser le crédit,
moyen qui ne présente pas les mêmes inconvénients
que les autres sûretés accessoires, le gage ou l'hypothèque. Le gage en effet est un obstacle à l'exploita-

(1) Proverbes de Salomon, ch. XXII, v. 26.
(2) La Fontaine, liv. IV, fable 15.
(3) « Alter alterius onera portate, sic adimplebitis legem Christi. »
(Epître de saint Paul aux Galates, ch. VI.)

tion de la chose engagée, qui perd tout ou partie de son utilité, tant qu'elle demeure aux mains du créancier. L'hypothèque, de son côté, est un obstacle à la circulation des biens. Quant au cautionnement, au contraire, il ne présente aucun de ces inconvénients ; il ne gêne et n'entrave ni l'exploitation, ni la circulation des biens, et il constitue cependant une sûreté efficace et un moyen actif de crédit.

—

PREMIÈRE PARTIE

DROIT ROMAIN

DE L'ADPROMISSIO

—

CHAPITRE Ier

NOTIONS GÉNÉRALES.

Lorsqu'une personne contracte une obligation, ou bien elle la contracte en son propre nom, ou bien elle s'engage pour autrui.

L'engagement pour autrui est désigné à Rome par le terme générique d'*intercessio*. *Intercedere*, c'est s'obliger personnellement, ou obliger sa chose dans l'intérêt d'autrui. « Intercessio, generatim dicitur conventio, qua quod alius debet, alius sponte, atque eum in finem ut securior præstetur creditor in se recipit solvendum (1). »

Il y a diverses sortes d'*intercessio*, c'est dans leur nombre qu'il faut placer l'*adpromissio*. Il sera plus tard question, par forme d'appendice, d'une autre sorte d'*intercessio*, qui, sinon par ses formes, au moins par le but qu'elle poursuit, a bien des analogies avec

(1) Mühlenbruch. Doctr. Pandect., § 483.

l'*adpromissio*, c'est le *mandatum pecuniæ credendæ*. Quant aux autres espèces d'*intercessio*, l'*adpromissio* s'en distingue par plusieurs points :

I. Elle diffère de l'*expromissio* en ce que : 1° L'*expromissio* n'a pas le caractère accessoire de l'*adpromissio*; 2° elle éteint par novation, la dette à laquelle elle s'applique, tandis que l'*adpromissio* la laisse subsister et la fortifie. On pourrait présenter à l'encontre de cette dernière solution un texte des Institutes, qui semble formellement déclarer que l'adjonction d'un fidéjusseur entraîne novation; c'est le § 3, t. 29, l. III; et ce texte est extrait, dans les Commentaires de Gaius, d'un passage (1) où le jurisconsulte donne la même solution pour le *sponsor*, en prenant soin toutefois de dire que la question est controversée. Ces textes ont fait l'objet de plusieurs systèmes, d'autant plus qu'ils attribuent l'effet de nover la créance, non-seulement à l'adjonction d'un *adpromissor*, mais aussi à l'adjonction d'un terme ou d'une condition. Pour résoudre la difficulté, il faut, ce semble, observer que Gaius et Justinien supposent qu'en même temps que l'*adpromissor* s'oblige, il intervient une nouvelle stipulation sur la dette principale; cette nouvelle stipulation, jointe à l'élément nouveau qui résulte de la fidéjussion, opérera novation, si telle a été en effet l'intention des parties.

II. L'*adpromissio* diffère du gage ou de l'hypothèque fournis dans l'intérêt d'autrui, par bien des points. Ainsi : 1° L'*adpromissor* s'oblige personnelle-

(1) Gaii Comm., III, §§ 177, 178.

ment; celui qui donne gage ou hypothèque, oblige
seulement la chose engagée ou hypothéquée, il n'est
pas tenu personnellement; 2° l'*adpromissio* se forme
verbis. Quant au gage, il est au nombre des contrats
qui se forment *re* (1), par la livraison de la chose qui
en fait l'objet. Et pour l'hypothèque, elle s'établit par
pacte (2).

III. Enfin l'*adpromissio* diffère du constitut pour
autrui : 1° En ce qu'elle se crée *verbis*, tandis que le
constitut s'établit par un pacte prétorien ; 2° en ce
que le constituant peut promettre autre chose que ce
que doit le premier débiteur, tandis que la même
solution ne peut s'appliquer à l'*adpromissor ;* 3° dans
le constitut, on peut fixer un terme d'échéance moins
long que celui dont profite le premier débiteur, un
lieu de payement plus commode pour le créancier que
celui primitivement fixé ; 4° le constitut ne peut que
suivre l'obligation à propos de laquelle il intervient.

L'*adpromissio* est un contrat ; le but de ce contrat,
c'est de garantir la dette d'autrui vis-à-vis du créancier.

Les personnes qui doivent nécessairement y figurer, sont l'*adpromissor* et le créancier, ce sont les
seules dont le consentement soit indispensable à l'existence de l'acte. Quant au consentement du débiteur,
son existence ou sa non-existence n'est à considérer
qu'au point de vue du recours de l'*adpromissor* qui a
payé, contre ce débiteur.

Mais si le consentement du débiteur n'est pas exigé,

(1) Inst., l. III, t. 14, § 4.
(2) L. 4, Dig., L. 20, t. 1.

il faut néanmoins qu'il y ait un débiteur, et une dette principale, car le caractère accessoire de l'*adpromissio* ne lui permettrait pas de se soutenir sans cette condition; toutefois, la dette qui est principale par rapport à l'*adpromissio*, peut n'être elle-même qu'accessoire, par rapport à une autre obligation, et, en effet, on peut par la voie de l'*adpromissio* garantir la dette d'un autre *adpromissor* (1). Quant à savoir jusqu'à quel point la dette principale doit être valable, si elle doit l'être civilement, ou s'il suffit qu'elle le soit naturellement; si elle doit l'être au fond, ou s'il suffit qu'elle le soit dans la forme, ce sont autant de questions auxquelles on ne peut faire une réponse générale, et qui seront examinées plus tard.

L'*adpromissio* n'est pas essentiellement gratuite, et un prix peut être donné à celui qui consent à s'engager ainsi pour la dette d'autrui. C'est ainsi que la loi 25, Cod., *ad Sc. Vell.* (16-1) prévoit le cas où une femme a reçu un prix pour contracter *fidejussio;* et de même la loi 6, *in fine*, Dig., *mandati* (17-1), suppose un fidéjusseur « mercedem pactus ob suam fidejussionem. »

CHAPITRE II

DES DIVERSES MANIÈRES D'ADPROMITTERE, AU POINT DE VUE HISTORIQUE.

Il y eut plusieurs manières d'*adpromittere*, qui furent successivement, et pour un temps même, con-

(1) L. 8, Dig., de fidej. et mand. (46-1).

curremment en usage dans le droit romain. On doit distinguer la *sponsio*, la *fidepromissio* et la *fidejussio*, comme des espèces du genre *adpromissio* (1). La *sponsio* et la *fidepromissio* furent les modes le plus anciennement employés. On retrouve aussi dans certains textes d'autres dénominations, qui paraissent avoir désigné certains cas particuliers d'*adpromissio*. Tels sont les *vades*, dont le nom est mentionné dans la loi des Douze Tables (2). On appelait spécialement ainsi les cautions fournies en matière criminelle (3). On nommait au contraire *prædes* les cautions *judicatum solvi*, fournies en matière civile (4); elles s'obligeaient, non envers l'adversaire, mais vis-à-vis du magistrat (5). « Præs est, dit Festus, is qui populo se obligat, interrogatusque a magistratu, an præs sit, ille respondet : Præs. » L'*adpromissor* fourni dans une vente, en perspective de l'éviction, se nommait *auctor secundus* (6), par opposition sans doute au vendeur, qui était l'*auctor primus*.

(1) Gaii Comm., III, § 115.

(2) Tabula prima, *in fine*.

(3) Epitome Titi Livii, lib. XLIX : « De veneficiis quæsitum, Poplitia et Licinia nobiles fœminæ, quæ viros suos necasse insimulabantur, causa cognita, cum prætori, pro se vadem dedissent, cognatorum decreto necatæ sunt. » — Ausonne, Monosyllab., Idyl. 12. « Quis subit in pœnam capitali judicio ? Vas. — Quid si lis fuerit nummaria, quis dabitur ? Præs. » Cujacii Recit. Solemn. in Codic. ad Tit. de fidej. et mand.

(4) « Satisdatores locupletes pro re de qua apud judicem lis est. » (Asconius Pedianus. Verr. 3.)

(5) Gaii Comm., IV, § 13.

(6) « Illud quæritur, an is qui mancipium vendidit, debeat fidejussorem ob evictionem dare, quem vulgo, auctorem secundum vocant. » (L. 4, Dig., 21-2.) Le même terme est employé par Justinien dans la novelle IV.

Les *sponsores* et les *fidepromissores* étaient, à l'origine, tenus d'une façon très-rigoureuse :

1° Chacun pouvait être contraint à payer toute la dette;

2° Celui qui payait restait sans aucun recours contre les autres coobligés accessoires, à moins qu'il ne fût leur associé, ou n'obtînt cessions d'actions.

3° Le créancier pouvait s'adresser à qui bon lui semblait, ou au débiteur principal, ou à l'obligé accessoire.

Mais le législateur, considérant sans doute le caractère de bienfaisance des engagements des *sponsores* et des *fidepromissores*, et aussi les conséquences funestes que ces engagements pouvaient avoir si le débiteur était insolvable, le législateur tendit toujours à améliorer leur situation. De là plusieurs dispositions législatives qui se succédèrent en leur faveur, dans un assez court espace de temps. Ce sont :

1° La loi Apuleia *de sponsu*, portée en l'an 652 de la fondation de Rome, qui permit à celui des *sponsores* ou des *fidepromissores* qui avait payé le tout de recourir contre les autres, lors même qu'il n'y avait pas société entre eux (1);

2° La loi Furia qui libérait les *sponsores* et les *fidepromissores biennio*, par un délai de deux ans passé sans que le payement fût exigé d'eux. De plus, elle divisait de plein droit la dette, entre tous les *sponsores*

(1) Gaïi Comm., III, § 122.

ou *fidepromissores* solvables ou non (1). La loi ajoutait que si le créancier avait exigé de l'un des *sponsores* plus que sa part, ce *sponsor* aurait contre lui la *manus injectio pro judicato* (2). A l'inverse de la précédente, cette loi ne s'appliquait qu'en Italie; elle avait été portée en l'an 659 de la fondation de Rome.

3° Non content de faire ainsi de la *sponsio* et de la *fidepromissio* des sûretés peu efficaces pour le créancier, du moins en Italie, le législateur par la loi Publilia promulguée la même année que la loi Furia, en 659, rendit la *sponsio* fort redoutable pour le débiteur en donnant au *sponsor* qui avait acquitté la dette l'action *depensi* contre ce débiteur, action qui croissait au double *inficiatione*, si le défendeur niait la dette. Et enfin, selon la même loi, après six mois depuis le payement par lui fait, s'il n'était pas remboursé, le *sponsor* avait contre le débiteur, la *manus injectio pro judicato* (3).

Le mouvement de la législation en faveur des *sponsores* et des *fidepromissores*, manqua en partie son but, parce qu'il alla trop loin. Les créanciers, menacés de n'avoir plus une sûreté efficace, les débiteurs soumis à des recours très-rigoureux, organisèrent une nouvelle manière d'*adpromittere*, qui prit le nom de *fidejussio*, et à laquelle ne s'appliquèrent point les lois Apuleia et Furia, non plus que la loi Publilia.

L'apparition de la *fidejussio* est postérieure à l'an

(1) Gaii Comm., III, § 121.
(2) *Ibid.*, IV, § 22.
(3) *Ibid.*, III, § 127. — *Ibid.*, IV, §§ 9 et 21.

659, puisque la loi Furia n'en fait à cette date aucune mention, mais il est aussi non moins certain qu'elle l'a suivie de très-près, puisqu'elle est mentionnée dans la loi Cornelia qui est de l'an 673. Il est dès lors très-naturel de supposer que c'est le système de la loi Furia qui lui donna naissance d'une façon implicite, par les avantages qu'il accorda aux *sponsores* et aux *fidepromissores*.

C'est à la même époque qu'il faut placer la loi relative à la *prædictio*, dont le manuscrit de Gaius ne nous a pas conservé le nom. Cette loi faite pour les *sponsores* et les *fidepromissores*, était aussi, en pratique, étendue aux fidéjusseurs.

La *fidejussio* ne fit pas disparaître, du moins immédiatement, les autres manières d'*adpromittere*, la *sponsio* et la *fidepromissio*. Le premier monument législatif, où on trouve mentionnées ces trois sortes d'*adpromissio*, est, suivant Gaius (1), la loi Cornelia qui se place en l'an 673. Le but de cette loi, comme des précédentes, était d'empêcher que l'*adpromissio* pût devenir trop onéreuse pour ceux qui s'engageaient. A l'époque ou Gaius écrivait ses Instituts, c'est-à-dire dans le courant du deuxième siècle, les trois manières d'*adpromittere* étaient en usage, le § 115 (comm. III) ne laisse aucun doute sur ce point : « Pro eo qui promittit, y est-il dit, solent obligari, quorum alios sponsores, alios fidepromissores, alios fidejussores appellamus. » Les *sponsores* et les *fidepromissores* durent disparaître peu à peu des habitudes de

____

(1) Gaii Comm., III, § 121.

la pratique sans qu'on en puisse bien préciser le temps, et sans que aucun acte législatif soit intervenu à ce sujet. A la fin du second siècle de l'ère chrétienne, le jurisconsulte Paul les mentionne dans ses *Sentences* (l. I, § 5, t. 9). Enfin les *sponsores* sont encore nommés dans une constitution de Valentinien, Théodose et Arcadius de l'an 392, qui forme la loi 1, Cod. Théod., l. III, t. 15. Ce qui est certain, c'est qu'à l'époque où le *Corpus juris* a été rédigé, il n'y avait plus depuis longtemps que des fidéjusseurs. Ceux-ci, lors de leur apparition, furent d'abord aussi rigoureusement tenus, que l'avaient été à l'origine les *sponsores* et les *fidepromissores ;* leur situation était même plus dure, en ce que leur obligation, au lieu de s'éteindre par leur mort, passait à leurs héritiers. Mais la législation, suivant le mouvement qui avait déjà amélioré le sort des autres *adpromissores*, tendit promptement à modifier cet état de choses.

La loi Cornelia fut appliquée aux fidéjusseurs pour limiter leur obligation quant à son étendue. Puis vinrent les bénéfices, au nombre de trois. Ces bénéfices sont, à proprement parler, des exceptions. Instruit par l'expérience, le législateur agit de façon à alléger le fardeau des fidéjusseurs, sans porter un sérieux préjudice au créancier, et sans faire abandonner la forme de la *fidéjussio*, comme celles de la *sponsio* et de la *fidepromissio :* 1° Le créancier n'est plus obligé, comme il l'était par la loi Furia, à ne demander à chaque *adpromissor* que sa part, les autres soient-ils solvables ou non. Il demande le tout, sauf au fidéjus-

seur attaqué à opposer l'exception que lui concède
la lettre d'Adrien, et à exiger que l'action soit divisée entre ceux des fidéjusseurs qui sont solvables,
litis contestatæ tempore (1). Ainsi, l'insolvabilité, chez
certains fidéjusseurs, est supportée par les autres et
non plus par le créancier, comme cela avait lieu pour
les *sponsores* et les *fidepromissores*. 2° Si le fidéjusseur paye plus que sa part, il peut en effectuant le
payement exiger du créancier la cession de ses actions contre les autres obligés accessoires, afin d'avoir
contre eux un recours. Du reste, ce bénéfice de cession d'actions était commun à tous les *adpromissores*.
3° Enfin le bénéfice de discussion établi par Justinien dans la novelle IV, permit au fidéjusseur attaqué, de renvoyer le créancier discuter dans ses biens
le débiteur principal, pour tâcher de se faire payer
par lui.

L'*adpromissio* était non-seulement employée volontairement par les parties qui faisaient un contrat
auquel elle put s'adjoindre, elle était aussi en usage
pour fortifier la stipulation, dans tous les cas où une
satisdation était exigée. Ces *satisdationes* (2) étaient
des sûretés fournies par l'une des parties à l'autre,
soit au cours d'un *judicium ;* soit *extra ordinem*, en
dehors de tout procès. Elles étaient prescrites, soit
par le préteur, soit par le juge, ou ordonnées par la
loi. Ainsi : le préteur ordonnait à certains tuteurs
et curateurs de *satisdare*. Le juge prescrivait une
satisdatio, à celui qui ne pouvant restituer immédia-

(1) Gaii Comm., III, § 121. — Inst., § 4, t. de fidej.
(2) Inst., l. I, t. 21.

tement demandait un délai; à celui contre qui on agissait *ad exhibendum*, lorsqu'il niait, *in præsenti exhibere se posse* (1).

Les diverses sortes d'*adpromissiones*, étant les espèces d'un même genre, ont entre elles beaucoup de règles communes; elles ont aussi des règles qui leur sont particulières, et au moyen desquelles chacune se distingue des deux autres. Aussi, pour nous conformer à la nature même du sujet, étudierons-nous successivement, d'abord les principes généraux, puis les règles spéciales à chaque espèce d'*adpromissio*.

CHAPITRE III.

RÈGLES COMMUNES A TOUS LES ADPROMISSORES.

L'*adpromissio* ne se comprend qu'autant qu'elle intervient de la part d'un tiers; celui qui est déjà obligé comme débiteur principal, ferait un acte évidemment inutile, s'il voulait garantir sa propre dette de cette manière (l. 21, Dig., *de fid. et mand.* 46-1).

Les *adpromissores* s'obligent à acquitter la dette, ils ne promettent pas que le débiteur principal payera, pareil engagement serait nul comme contenant promesse du fait d'autrui (2).

(1) L. 11, Dig., de rei vindic (6-1). — Inst., § 2, l. IV, t. 17; § 3 eod.
(2) L. 63, Dig., de fidej. et mand. (46-1).

Ils s'engagent *verbis,* sauf les différences dans la formule qu'ils emploient.

Qui peut se porter adpromissor. — De ce que l'engagement des *adpromissores* résulte d'une stipulation, il faut conclure que ceux-là seuls peuvent *adpromittere* qui peuvent promettre par stipulation, mais il ne serait pas exact d'aller plus loin et de dire que tous ceux qui peuvent jouer dans la stipulation le rôle de promettant, peuvent par suite *adpromittere.* Il faut pour contracter l'*adpromissio,* d'abord la capacité de s'engager par stipulation, et de plus, une capacité particulière au contrat dont nous nous occupons. Tous ceux qui peuvent s'obliger *verbis,* ne peuvent pas se porter *adpromissores.*

Sont dans cette dernière situation, les personnes qui sont comprises dans la prohibition du sénatus-consulte Velléien. Ce sénatus-consulte, rendu sous Claude, en l'an 46 de notre ère, défendit aux femmes de contracter *intercessio* pour autrui, *pro aliis intercedere.* Antérieurement, et à dater de l'époque d'Auguste, l'édit du préteur avait défendu aux femmes l'*intercessio* pour leurs maris. Le sénatus-consulte ne fit que généraliser la prohibition déjà contenue dans l'édit. Le motif de la disposition, d'après le texte même du sénatus-consulte, c'est que l'*intercessio* est un *munus virile,* une fonction qui ne peut convenir aux femmes : « Cum eas virilibus officiis fungi, et ejus generis obligationibus obstringi non sit æquum (1). » Un motif plus plausible est fourni par

(1) L. 2, Dig., ad Sc. Vell. (16-1).

le jurisconsulte Ulpien, lorsqu'il dit, dans la même loi, qu'on a voulu venir au secours de la faiblesse des femmes, et leur défendre un genre d'obligations qu'elles auraient trop facilement assumées, à cause des illusions qu'il peut faire naître chez l'*intercessor*. Ce motif explique, bien mieux que ne le pourrait faire celui qui est donné par le texte du sénatus-consulte, pourquoi il ne fut jamais défendu aux femmes de s'obliger pour elles-même. De ce que la prohibition du Velléien n'a pour but que d'empêcher que la femme perde ses biens, en prenant trop facilement pour autrui des engagements qu'elle espère n'avoir pas à remplir, il résulte que cette prohibition ne s'étend pas au payement que la femme ferait *animo donandi*, en renonçant à tout recours. En ce cas, en effet, le danger qu'on a voulu prévenir n'est nullement à craindre, et la femme voit dès l'abord toutes les conséquences de l'acte qu'elle accomplit(1). Le secours accordé à la femme par le sénatus-consulte consistait en une exception perpétuelle; elle pouvait même répéter ce qu'elle au ait payé par erreur de son droit, en l'acquit de son *adpromissio*. Il en fut ainsi jusqu'à Justinien, qui par une constitution insérée au Code où elle forme la loi 23 (4-29), décida que l'*adpromissio*, et plus généralement l'*intercessio* de la femme serait nulle de plein droit, et considérée comme inexistante, si elle n'était faite par acte public, et avec le concours de trois témoins. Plus tard, dans la novelle CXXXIV, ch. viii, le

(1) L. 4, Dig., ad. Sc. Vell. (16-1).

même empereur décida, que même avec les formalités requises par sa constitution, l'*intercessio* serait
encore nulle d'une manière absolue, et sans qu'il fût
besoin de recourir à aucune exception, si la femme
s'était ainsi engagée pour son mari.

La prohibition du sénatus-consulte cesse d'avoir
effet en plusieurs circonstances :

1° Elle ne s'appliquera pas, en considération de la
personne du créancier, lorsque la femme a contracté
l'*intercessio* vis-à-vis d'un mineur, et que le débiteur
principal ou primitif est insolvable (l. 12, Dig., *de
minoribus* (IV, 4).

2° En considération du caractère même de l'engagement : lorsqu'une femme majeure de vingt-cinq
ans a garanti le payement d'une dot; lorsqu'elle s'est
engagée pour procurer la liberté à un esclave; lorsqu'il y a eu dol de sa part vis-à-vis du créancier (1).

3° Le Velléien cessera encore d'être applicable par
suite de circonstances, qui depuis l'engagement modifient la situation, et font que la femme cesse d'être
obligée pour autrui. Il en est ainsi : Quand elle devient héritière de l'obligé pour qui elle avait fait
l'*intercessio*; elle est alors tenue par l'effet de la confusion, comme l'était cet obligé lui-même : Lorsqu'elle
a déjà reçu du principal obligé la somme que le
créancier réclame d'elle; dans ce cas, en effet, l'*intercessio* ne peut lui faire souffrir aucun dommage (2).

---

(1) L. 5, 24, 25, Cod., ad Sc. Vell. (IV, 29.)
(2) L. 95, § 2, Dig., de solut. (46-3). — L. 16, Dig., ad Sc.
Vell. (16-1).

4° Il y aura lieu encore d'écarter l'application du sénatus-consulte, à cause d'une renonciation inter-venue de la part de la femme dans les circonstances où la loi l'autorise. Cela a lieu en quatre cas. Lorsque la femme a reçu un prix pour son *intercessio*, qu'elle l'ait reçu du créancier, ou qu'elle l'ait reçu du débiteur, elle est présumée, par là même, avoir renoncé à l'exception dont elle pouvait se prévaloir. Lorsque après deux ans elle renouvelle son *inter-cessio pro eadem causa*. La mère et l'aïeule peuvent faire une renonciation au sénatus-consulte Velléien, dans le but de devenir tutrices de leurs enfants ou petits-enfants. La femme peut enfin renoncer à opposer le sénatus-consulte, quand elle se trouve dans le cas de la loi 32, § 4, *ad Sc. Vell.*, Dig., c'est-à-dire, *quum judicium parata est accipere*, lorsqu'elle prête à défendre à l'action du créancier. Cette renonciation doit être fortifiée par la caution : *exceptione mulierem non usuram* (1).

Le pupille *sine tutoris auctoritate* ne peut s'obliger, d'où il faut conclure qu'il ne peut valablement se porter *adpromissor* (2).

Le mineur de vingt-cinq ans qui a contracté l'*adpromissio* peut obtenir la *restitutio in integrum* (3).

L'esclave ne peut jouer le rôle d'*adpromissor* ; en agissant ainsi, il n'oblige pas son maître, même *de peculio*. Tel est le principe. Toutefois si c'était

(1) L. 22, 23, Cod., ad Sc. Vell.
(2) Inst., l. III, t. 19, § 9.
(3) Pauli Sent., l. I, t. 9, § 5. — L. 2, Cod., l. II, t. 23

in rem peculiarem que l'esclave se fût porté *intercessor*, le maître sera tenu *de peculio*. C'est ce qui ressort de la loi **3**, §§ 5 et 6, Dig., *de peculio* (15-1).

Le fils de famille qui contracte *adpromissio*, est, dans tous les cas, à la différence de l'esclave, obligé, et le père peut être actionné jusqu'à concurrence du pécule.

On ne peut dire d'une façon générale si l'*adpromissio* était ou non permise aux pérégrins; car les trois manières d'*adpromittere* ne leur étaient pas ouvertes; cette question sera donc résolue aux règles spéciales à chaque forme d'*adpromissio*.

Qui peut recevoir l'adpromissio? — C'est le créancier, et le créancier seul. L'*adjectus solutionis gratia* ne le pourrait point, *quia reum principalem obligatum non habet*. S'il est mandataire du créancier, ce n'est que pour recevoir le payement; pour tous les autres agissements relatifs à l'obligation, il n'a pas qualité, plus qu'un étranger.

Quant à l'*adstipulator*, il semble qu'il pouvait recevoir l'*adpromissio*; en effet, il joue le rôle d'un véritable créancier. Tout ce qui lui est interdit, c'est de se faire promettre plus qu'il n'a été promis au créancier (comm., III, § 113).

Quand peut se contracter l'adpromissio. — Tous les *adpromissores*, et non pas seulement les fidéjusseurs, peuvent s'obliger avant ou après la naissance de l'obligation principale. Il ne serait pas exact de dire, comme on l'a cependant fait, que la fidéjussion seule peut précéder ou suivre l'obligation principale, mais que pour la *sponsio* et la *fidepromissio*, elles ne peuvent intervenir qu'à l'instant même où le débiteur principal contracte son obligation. On appuie ce système sur un argument *a contrario* tiré du § 3, Inst., *de fidej*. « Fidejussor præcedere obligationem et sequi potest. » Si ce texte ne parle que des fidéjusseurs, c'est, dit-on, que la règle qu'il pose n'est applicable qu'à eux, et non aux *sponsores* et aux *fidepromissores*. Un argument semblable se tire de la disposition analogue de la loi 6, Dig., *de fidej*. (46-1). Au premier de ces arguments, il faut répondre que, si le texte des Instituts ne mentionne que les fidéjusseurs, ce n'est pas dans le but d'écarter de l'application de la règle qu'il pose, les *sponsores* et les *fidepromissores*; c'est que ces deux manières d'*adpromittere* étant depuis longtemps tombées en désuétude lors de la rédaction des Instituts, il n'y avait aucun motif de les rappeler. Quant à la loi 6, il est permis de croire, ou que Ulpien ne parlait que des fidéjusseurs, parce que déjà de son temps, ils avaient seuls une importance pratique, ou bien qu'il parlait dans ce texte, de tous les *adpromissores*, et que ce sont les compilateurs du *Corpus juris* qui ont modifié les expressions de ce fragment, pour le mettre en harmonie avec le droit de leur époque. Si une telle différence avait existé entre les *sponsores* et les *fidepromissores* d'une part, et les *fidejussores* de l'autre, comment admettre qu'il n'y en eût pas trace dans les Commentaires de Gaius, lorsque ce jurisconsulte (comm. III, § 118 et suiv.) établit un parallèle entre les divers *adpromissores* et qu'il signale les différences qui les séparent. On peut encore argumenter en faveur de la même solution, de la nécessité de la *prædictio* dont parle Gaïus au comm. III, § 123. Cette *prædictio* s'applique également à tous les *adpromissores*, elle n'a même été spécialement établie que pour les *sponsores* et les *fidepromissores;* or, quelle utilité aurait-elle présenté par rapport à ceux-ci, s'ils avaient dû nécessairement s'obliger en même temps que le débiteur principal? Elle n'en aurait eu aucune. Etant tous ensemble, en effet, ils auraient pu se voir, se compter, entendre pour quelle somme chacun s'obligeait, et il n'y aurait eu nul besoin que le créancier se mît en peine de le leur apprendre. La nécessité de la *prædictio* pour tous les *adpromissores* prouve donc que tous pouvaient s'engager avant ou après la naissance de l'obligation principale.

Etendue de l'engagement de l'adpromissor. — L'adpromissor peut ne s'obliger qu'à moins que ce à quoi est engagé le débiteur principal. Ainsi, il peut ne promettre qu'une somme inférieure au montant intégral de la dette. Il peut n'être tenu qu'à terme ou sous condition, de ce que le débiteur principal doit purement et simplement. Il peut ne promettre qu'un de deux ou plusieurs corps certains que doit le débiteur principal; Il doit moins en ce cas, parce que la perte de la seule chose qu'il doit le libère, tandis qu'elle laisse le débiteur obligé à raison de l'autre chose. De même, le débiteur étant obligé de payer au créancier seul, l'*adpromissor* devra moins, s'il a la faculté de payer, soit au créancier, soit à un autre (1).

L'*adpromissor* peut s'obliger à tout ce que doit le débiteur principal, et son engagement peut même être soutenu par un lien plus fort que celui qui naît de l'engagement du débiteur principal. Il peut être tenu *arctiori vinculo*. On a considéré avec raison, que l'efficacité d'exécution du contrat n'augmente pas l'engagement. C'est ainsi que l'*adpromissor* peut donner un gage ou une hypothèque, quand le débiteur principal n'en fournit point. C'est ainsi encore que le fidéjusseur peut être tenu civilement de ce qui n'est pour le débiteur principal qu'une dette naturelle. « Intensive obligari potest, extensive non potest. »

Mais l'*adpromissor* ne peut s'obliger à plus que ce que doit le débiteur principal. « Plus enim in accessione esse non potest quam in principali re, » dit Gaius (comm. III, § 126).

Il ne peut non plus s'obliger à autre chose (2). La *durior causa* dans l'*adpromissio* s'apprécie suivant la division posée par Gaius à propos de la *plus petitio* (comm. IV, § 53), de quatre manières : *re, tempore, loco, causa* :

1° *Re.* L'*adpromissor* ne peut promettre une somme supérieure à la dette principale ; il ne peut promettre des intérêts si le principal obligé n'en doit point ; il ne peut joindre à son *adpromissio* une

---

(1) L. 8, *in fine*, et L. 31, Dig. (46-1).
(2) L. 42, Dig., de fidej. et mand. (46-1).

clause pénale, à laquelle le débiteur ne serait point soumis.

2° *Tempore.* L'obligation de l'*adpromissor* serait plus considérable que celle de l'obligé principal, si celui-ci n'étant obligé qu'à terme ou sous condition, l'*adpromissor* avait contracté un engagement pur et simple, ou s'était engagé à un terme plus court. « Non solum enim in quantitate, sed etiam in tempore, minus et plus intelligitur, plus est enim statim aliquid dare, minus est post tempus dare, » disent les Institutes, § 5, *de fidej.*

3° *Loco.* L'*adpromissor* ne peut s'obliger à payer dans un endroit où le payement lui serait plus onéreux qu'au lieu où le débiteur principal doit lui-même acquitter l'obligation.

4° *Causa.* Si le débiteur a promis une chose, il y aurait *durior causa* dans l'obligation de l'*adpromissor*, à promettre cette chose ou une somme d'argent. Si le débiteur s'est obligé à livrer de deux choses l'une à son choix, l'*adpromissor* ne pourrait s'engager à livrer l'une ou l'autre de ces deux choses, en laissant au créancier la faculté d'option. Il y a encore *durior causa*, si le débiteur pouvant payer la dette au créancier, ou à un *adjectus solutionis gratia*, l'*adpromissor* ne peut payer qu'au créancier et non à l'*adjectus.*

Si l'*adpromissor* s'est engagé à plus que le débiteur principal, son obligation est-elle nulle pour le tout, ou est-elle seulement réductible à la mesure de l'obligation principale ? Nombre d'interprètes du droit romain, et des plus autorisés, tiennent pour la nullité

de toute l'obligation de l'*adpromissor* en ce cas (1);
ils appuient leur système sur la loi 8, § 7, Dig., *de
fidej. et mand.*, où il est dit : « Illud commune est
in universis qui pro aliis obligantur, quod si fuerint
in duriorem causam adhibiti, placuit eos omnino non
obligari. » Il ne faut cependant pas hésiter à adopter
la solution contraire, à savoir, qu'à Rome, l'obligation de l'*adpromissor* engagé à plus que le débiteur
était réductible, et non point nulle. Cette solution,
admise par bien des commentateurs (2), s'appuie d'a-
bord sur cet axiome de raison, que : « Utile per
inutile non vitiatur. » Axiome que le jurisconsulte
Ulpien applique spécialement à la matière de la stipulation dans la loi 1, § 4, *de verb. oblig.*, Dig. (45-1),
pour le cas où le promettant a pris un engagement
plus considérable que celui que renfermait la demande du stipulant. En outre, on peut tirer argument,
dans le même sens, de plusieurs textes relatifs spécialement à la matière de l'*intercessio*. D'après la
loi 11, § 1, Dig. (13-5), celui qui, dans le cas de
constitut, a promis plus qu'il n'était dû, sera tenu
jusqu'à concurrence du montant de la dette sur la-

(1) Entre autres Vinnius, in § 5, Tit. de fidej., Inst., et Pothier,
Oblig., n° 375. Ce dernier toutefois avoue que cette solution
« repose sur un raisonnement plus subtil que solide. » (Molitor,
Oblig. en dr. rom., t. II, p. 562.

(2) Alciat.—Duarenus, t. III, p. 179.—Perezius, ad Cod., L. 8,
t. 41.—Mornac, t. II, col. 537. — Dumoulin, ad. leg. 51, L. 46,
t. 1, Dig., § Sed si mihi, n°° 30 et suiv.—Suivant Voët (ad Pand.,
L. 46, t. 1, n° 4), il faut faire une distinction : si l'*adpromissor* a
promis plus que le débiteur, *quantitate*, son obligation n'est pas
nulle, mais réductible; s'il a promis plus, *qualitate*, son obligation
est entièrement nulle, car il a promis tout autre chose que le débiteur principal.

quello le constitut a été basé. De même encore, à propos du *mandatum pecuniæ credendæ*, il est dit formellement dans un rescrit de Dioclétien et Maximien qui est devenu la loi 22, Cod. (8-41), que le *mandator* qui s'est obligé à plus que le montant de la dette, pourra être poursuivi jusqu'à concurrence de cette dette. Certains interprètes ont cru trouver une solution semblable, spécialement en ce qui concerne le fidéjusseur, dans la loi 33, Dig., *mandati* (17-1) (1). Un tel texte ne laisserait aucune place à la controverse, mais cette loi 33 n'a pas le sens qu'on a voulu lui attribuer, elle ne règle qu'une question de quotité de recours entre le fidéjusseur mandataire et le débiteur son mandant (2). Toutefois il n'en demeure pas moins vrai que si dans deux cas d'*intercessio*, celui de constitut et de mandat, les obligations qui dépassent l'engagement principal sont réductibles, et non pas nulles, il est à croire qu'il en était de même dans le cas d'*intercessio* qui nous occupe. Reste à l'encontre de cette solution l'argument tiré de la loi 8, § 7, Dig. (46-1), où, parlant des fidéjusseurs, Ulpien dit : « Quod si fuerint in duriorem causam adhibiti, placuit eos omnino non obligari. » L'argument se fonde tout entier sur la position des deux mots : « omnino non, » que l'on renverse ces expressions, et que l'on lise : « non omnino, » le sens change complétement; et le texte, bien loin de signifier que le fidéjusseur n'est nullement obligé, indique au contraire qu'il est obligé pour une partie de ce qu'il a promis, c'est-

(1) Voët ad Pand., L. 46, t. 1, n° 1.
(2) Bartole et la glose, in L. 8, § 7, Dig., de fidej. et mand.

à-dire, qu'il est tenu jusqu'à concurrence de l'obligation principale. Or, il est possible d'établir que c'est par suite d'une erreur de copiste qu'on lit au Digeste les mots : « omnino non, » au lieu de ceux-ci : « non omnino. » Il suffit de rapprocher la loi 8 du texte correspondant des Basiliques, l'expression y est traduite en ces termes : οὐδ᾽ ὅλως.

Entre les deux opinions extrêmes qui ont été présentées, se place un système intermédiaire attribué à Bachovius (1). Il repose sur une distinction ; si le créancier a stipulé de l'*adpromissor* une somme supérieure à celle que devait le débiteur principal et que l'*adpromissor* l'ait promise, l'obligation est viciée en totalité ; le motif en est que le créancier a voulu une chose impossible, il a voulu que l'obligé accessoire fût tenu à plus que le débiteur principal. Si au contraire le créancier a stipulé de l'*adpromissor* la somme même dont le débiteur était tenu, et qu'à cette interrogation, le débiteur ait répondu par la promesse d'une somme plus considérable, l'*intercession* n'est point nulle, elle est seulement réductible à la mesure de l'obligation principale. Ce système semble n'avoir pas de fondement solide. Pourquoi annuler l'obligation, quand le créancier a voulu une chose impossible, et se borner à la réduire, quand c'est le débiteur, qui a voulu cette même chose impossible ? Il n'était d'ailleurs nullement certain à Rome, que la stipulation fût valable même jusqu'à concurrence de la moindre des deux sommes, quand le chiffre contenu

(1) Vinnius ad § 5, de fidej., Inst.

dans l'interrogation, et celui mentionné dans la réponse ne concordaient pas. Il y avait sur ce point deux systèmes; celui de Paul et d'Ulpien qui, dans les lois 1, § 4 et 83, § 3, *de verb. oblig.*, Dig. (45-1), se prononcent pour la validité; et celui de Gaius (comm. III, § 122) et de Justinien (Inst., III, 19 § 5), qui concluent à la nullité de l'obligation.

Une loi dont il est question dans Gaius (comm. III, § 123), mais dont le nom n'a pu être déchiffré dans le manuscrit de la bibliothèque de Vérone, avait obligé le créancier qui recevait des *sponsores* ou des *fidepromissores* à déclarer, *prædicere*, pour quel engagement il recevait ces obligés accessoires, et combien il en devait avoir. Faute de cette *prædictio*, il était permis aux *sponsores* et aux *fidepromissores*, pendant un délai de trente jours, de demander un *præjudicium*, dans le but de faire constater l'absence de *prædictio*, et cette constatation les libérait de leur engagement. Bien que dans cette loi, il ne fût nommément question que des *sponsores* et des *fidepromissores*, la pratique l'avait étendue aux fidéjusseurs; elle formait ainsi une règle commune à tous les *adpromissores*. On n'en peut fixer la date d'une manière précise, mais sa disposition est si intimement liée à celle des lois Apuleia et Furia dont elle est la conséquence, qu'on ne peut que la placer après ces deux lois, mais à une époque fort rapprochée de leur publication. La loi Furia a décidé que chaque *sponsor* ou *fidepromissor*, au moins en Italie, ne pourrait être poursuivi que pour sa part; dans les provinces, celui qui paye plus que sa part, a un recours contre les autres, en vertu de la loi Apuleia. C'est afin que le *sponsor* ou le *fide-promissor* puisse savoir dès le principe quelle sera l'étendue de ce recours, ou quelle sera la part qu'il devra supporter, que la loi en question oblige le créancier à faire la *prædictio*, qui sans cela n'aurait point de but. Justinien ne fait aucune mention de cette loi, elle dut tomber en désuétude avant la rédaction du *Corpus juris*.

La loi Cornelia promulguée en l'an 673 de la fondation de Rome, eut pour but de protéger les *adpromissores* contre la facilité qu'ils montraient sans doute à s'engager pour autrui. En vertu de cette loi, une même personne ne peut s'obliger la même année, pour le même débiteur, envers le même créancier, pour plus de vingt mille sesterces. Le texte de Gaius (comm. III, § 124), expliquait si l'*adpromissio* qui avait dépassé ses limites était nulle pour le tout, ou si elle était seulement réductible, mais il y a une lacune dans le manuscrit; toutefois, il faut ce semble décider, comme pour l'*adpromissor* obligé *in duriorem causam quam reus principalis*, que l'engagement de celui qui a contrevenu à la loi Cornelia sera valable jusqu'à concurrence de vingt mille sesterces. La loi Cornelia tomba en désuétude avant l'époque de Justinien. Elle souffrait du reste certaines exceptions. Il y avait des cas dans lesquels on pouvait *satis accipere in infinitum*. Cela avait lieu :

1° *Dotis nomine*, pour la garantie d'une promesse de dot.

2° *Ejus nomine quod ex testamento debeatur*, pour la garantie de ce qui est dû en vertu d'un testament.

3° *Jussu judicis*, pour les *satisdationes* ordonnées par le *judex* au cours d'un procès.

4° Enfin pour les *satisdationes* prescrites par la loi sur l'impôt du vingtième des hérédités (1).

Effets de l'adpromissio. — 1° Entre l'*adpromissor* et le créancier. — Les *adpromissores* sont obligés au payement de la dette, dans la mesure dans laquelle ils l'ont garantie. Dans ce but, le créancier a contre eux une *condictio*, ou une action *ex stipulatu*. La *condictio*, si l'*adpromissio* était *certa*; l'*action ex stipulatu*, si elle était *incerta* (2).

Le créancier peut, en principe, attaquer à son choix ou l'*adpromissor* ou le débiteur; mais l'action qu'il dirige contre l'un libère l'autre, lors même qu'elle n'aurait pas pour résultat le payement de la dette; c'est une conséquence de l'effet extinctif de la *litiscontestatio*. Cette règle s'appliqua toujours aux *sponsores* et aux *fidepromissores*; elle s'appliqua aussi aux fidéjusseurs, jusqu'à ce que Justinien, dans la novelle IV, organisât pour ces derniers le bénéfice de discussion.

2° *Effets entre l'adpromissor et le débiteur.* — L'*adpromissor* qui a payé a recours contre le débiteur qu'il avait garanti. S'il l'a garanti sur son mandat, il a contre lui l'action *mandati* (Gaii Comm., III, § 127).

(1) Gaii Comm., III, § 125.
(2) Inst., t. de verb. oblig., *pr.* — L. 75, Dig., de verb. oblig., (45-1). « Fidejussores certum videntur promittere si modo et is pro quo obligentur, certum debeat. »

S'il n'y a pas eu mandat, et que l'*adpromissor* ait agi à l'insu du débiteur, il aura contre celui-ci l'action *negotiorum gestorum*, s'il a utilement géré son affaire et s'il n'a pas agi *animo donandi*.

Si l'*adpromissio* a eu lieu malgré la volonté contraire manifestée par le débiteur, l'*adpromissor* doit-il être considéré comme dénué de tout recours, et comme ayant agi *animo donandi*, ou faudra-t-il lui accorder, soit une action *negotiorum gestorum* utile, soit une action de *in rem verso*? Il y avait sur ce point controverse entre les jurisconsultes romains, « apud magnos auctores dubitatur, » dit à ce propos Justinien dans la loi 24, Cod., *de neg. gest.* (2-19). On voit la trace de cette controverse dans la loi 40, *mandati*, Dig. (17-1). Paul, à qui ce texte appartient, est d'avis qu'il ne doit être accordé aucune action, et il cite comme de la même opinion le jurisconsulte Pomponius. Le sentiment de Paul était aussi celui de Salvius Julianus. Mais le système contraire avait ses partisans, dont quelques-uns allaient jusqu'à donner à l'*adpromissor*, au cas dont il s'agit, l'action directe de gestion d'affaires (1). La controverse paraît avoir duré jusqu'à Justinien, qui y mit fin par sa constitution. Désormais, celui qui gère l'affaire d'autrui malgré la volonté du maître sera dénué de tout recours, bien que sa gestion ait été profitable au maître de l'affaire. Cette constitution étant antérieure, quoique de fort peu de temps, à la rédaction du Digeste, elle peut servir à expliquer pourquoi cette compilation ne

____

(1) L. 24, Cod., *de neg. gest.* (2-19).

rapporte aucun fragment des jurisconsultes qui étaient d'avis d'accorder une action à celui qui avait utilement géré une affaire malgré la volonté du *dominus*. L'*adpromissor* pouvait aussi se faire céder par le créancier les actions que celui-ci avait contre le débiteur; il sera question de cette cession sous le paragraphe qui suit.

3° *Effets entre les divers adpromissores.* — Quel que soit le nombre des *adpromissores* engagés pour la même dette, le créancier peut, en principe, s'attaquer à celui qu'il choisit, pour le tout, sans être tenu de diviser son action. Ce principe souffrit échec, quant aux *sponsores* et aux *fidepromissores*, par la promulgation de la loi Furia; plus tard, quant aux fidéjusseurs, par l'admission du bénéfice de division, en vertu du rescrit d'Adrien.

Jusqu'à la loi Apuleia, qui sépare à ce point de vue les *sponsores* et les *fidepromissores*, des fidéjusseurs, celui qui avait payé plus que sa part n'avait aucun recours contre les autres, à moins qu'il ne fût intervenu entre eux un contrat de société. Après la promulgation de la loi Apuleia, le principe que celui des *adpromissores* qui a payé le tout n'a aucun recours contre les autres continua a subsister à l'égard des fidéjusseurs (1).

Toutefois les *adpromissores*, lors même qu'ils n'étaient pas entre eux associés, avaient un moyen pour assurer leur recours les uns contre les autres et

(1) L. 11, Cod., de fidej. (8-41). — L. 39, Dig., de fidej. (46-1).

contre le débiteur principal. C'était ia voie de la cession d'actions. On admit qu'en payant le créancier, l'*adpromissor* pourrait exiger qu'il lui cédât les actions qu'il avait à propos de la dette ainsi acquittée, et avec les actions, les accessoires qui garantissaient son droit (1). L'*adpromissor* trouvait dans ce transfert un avantage considérable, et il ne nuisait point au créancier, qui en recevant son payement n'avait aucun intérêt à ne pas céder des actions que ce payement allait éteindre dans ses mains. On avait même eu soin de déclarer que cette cession ne pourrait jamais préjudicier au créancier, et qu'il ne serait tenu de céder ses actions, que lorsqu'il serait entièrement désintéressé de toutes les dettes dont elles étaient pour lui la garantie. Enfin les coobligés de celui qui acquittait la dette ne pouvaient se plaindre de la cession, car ils n'étaient jamais tenus par cette voie à plus que ce à quoi ils s'étaient engagés envers le créancier. Toutefois, les jurisconsultes romains avaient vu à cette cession une difficulté théorique; c'est que le payement éteignant toutes les actions du créancier, il est par là même exclusif de l'idée de cession. Ils tournèrent la difficulté, en considérant que l'*adpromissor* ne faisait pas un véritable payement, mais qu'il achetait les actions du créancier, pour ce qu'il lui donnait de plus que la part qu'il devait définitivement supporter dans la dette (2). Pour que cette sorte de vente pût avoir lieu, l'*adpromissor* devait réclamer les actions du créancier, en

(1) L. 2 et 21, Cod., de fidej. (8-41).
(2) L. 36, Dig., de fidej. et mand. (46-1).

même temps qu'il lui remettait la somme qui servait de prix à cette cession, sinon la somme remise constituait un véritable payement, qui faisait disparaître tous les droits du créancier. C'est ce que le jurisconsulte Modestin dit formellement dans la loi 76, Dig., *de solutionibus* (46-3). S'il y a procès entre le créancier et l'*adpromissor*, la cession ne peut être demandée que jusqu'à la *litiscontestatio;* celle-ci, en effet, a un caractère extinctif de l'action déduite *in judicio*, or, cette action éteinte est la seule qu'avait le créancier, la seule, par conséquent sur laquelle pouvait porter la cession. Il sera expliqué plus bas, qu'il en est tout autrement dans le cas de *mandatum pecuniæ credendæ.*

Le fisc, comme les autres créanciers, était tenu d'opérer la cession d'actions (1).

Le fils qui s'est porté *adpromissor* pour son père, sous la puissance duquel il est placé, ne peut obtenir la cession d'actions au cas où il effectue le payement. C'est ce que dit la loi 7, *de obl. et act.*, Dig. (44-7). Le motif en est que le fils acquérant pour le père sous la puissance de qui il est, c'est à celui-ci que les actions cédées au fils iraient directement, et se trouvant à la fois créancier et débiteur, une confusion s'opérerait en sa personne.

Sous le système formulaire, l'obligé défendeur qui voulait obtenir la cession, en manifestait l'intention *in jure*, devant le préteur. Si le créancier se refusait à la cession avec une mauvaise foi évidente,

____

(1) L. 11, Cod. de fidej. (8-41). — L. 45, § 9, Dig., de jure fisci. — L. ult., Cod., de privilegio fisci.

le préteur pouvait lui refuser l'action. S'il y avait doute, le préteur insérait dans la formule au profit du défendeur, l'exception générale de dol, ou l'exception spéciale *cedendarum actionum*. La cession d'actions dut s'opérer par la *procuratio in rem suam*, mode détourné de transmission, car les Romains n'admirent jamais en principe, que les créances pussent changer de main autrement qu'au décès du créancier, l'héritier continuant la personne du défunt.

Le créancier (et c'est là encore une différence entre l'*adpromissio* et le *mandatum pecuniæ credendæ*), n'est nullement tenu de conserver les actions que l'*adpromissor* aurait, en payant, le droit de se faire céder. Il a pu faire de ses actions contre les autres obligés à la dette ce que bon lui a semblé; sans pour cela cesser de pouvoir se faire payer par celui à l'égard duquel il a conservé son droit. Toutefois, le créancier cessera de pouvoir poursuivre cet obligé, jusqu'à concurrence du profit qu'il peut avoir retiré de l'abandon de son droit contre les autres. Ainsi le jurisconsulte Julien (1), supposant que de deux fidéjusseurs, le créancier a libéré entièrement l'un, moyennant le payement d'un quart du chiffre total de la dette, décide qu'il pourra poursuivre l'autre bien qu'il n'y ait plus lieu à cession, mais qu'il ne pourra le poursuivre que pour les trois quarts qui lui restent dûs. Cette solution a passé dans le Code civil, où elle forme l'article 1288, c'est en ex-

____

(1) L. 15, § 1, Dig., de fidej. et mand. (46-1).

pliquant ce texte que nous aurons à en apprécier la valeur. On a contesté le principe qui précède, à savoir, que le créancier n'est pas tenu de conserver ses droits pour les céder à celui des coobligés accessoires auquel il s'adresse; et on a prétendu que faute de pouvoir exécuter la cession, le créancier devait être repoussé par une fin de non-recevoir (1). Cette opinion a son point d'appui dans la loi 95, *in fine, de solutionibus* (46-3). Mais cette loi donne la solution dont on se prévaut spécialement pour le *mandator pecuniæ credendæ*. Or, il y a sur ce point, une différence capitale entre le mandat et *l'adpromissio*. La loi 47, Dig., *locati*, n'est pas plus concluante, car outre qu'il ne s'agit nullement de fidéjussion, dans ce texte, il y est dit que le demandeur sera repoussé, non pas s'il a perdu les actions qu'il pouvait céder, mais, si *actiones suas adversus cæteros præstare recuset*. Or, il n'y a aucune difficulté à admettre cette dernière conclusion en matière d'*adpromissio*, le créancier qui se refuse à céder ses actions sera repoussé *exceptionis ope;* mais comment en conclure qu'il sera également repoussé s'il les a perdues? C'est la conclusion contraire qui s'induit naturellement de la loi 47.

Extinction de l'adpromissio. — Elle s'éteint, ou d'une manière principale, ou bien, accessoirement à l'obligation qu'elle avait pour but de garantir.

Elle s'éteint d'une manière principale, comme les obligations *verbis* en général, soit *ipso jure,* soit *exceptionis ope.* L'extinction de l'obligation accessoire

_____

(1) Voët ad Pand., t. II. L. 46, t. 1, n° 29.

peut influer sur l'existence de l'obligation principale.
Ainsi : le payement effectué par l'*adpromissor* libère
le débiteur à moins qu'il n'y ait eu cession d'actions.
L'acceptilation faite entre le créancier et l'*adpromissor* a l'effet extinctif du payement à l'égard de la
dette principale, c'est ce que dit la loi 13, § 7, Dig.
(46-1) pourvu que cette dette existe déjà, car l'acceptilation ne saurait s'appliquer à une dette future.
Si l'*adpromissor* a obtenu l'acceptilation par violence,
l'action *quod metus causa* pourra être intentée contre
le débiteur qui profite de cette violence, parce que
l'action est *in rem scripta* (l. 9, § 8, Dig., *quod metus
causa*). Il en serait autrement au cas de dol. L'*adpromissio* s'éteignait encore par l'effet de la *litiscontestatio* faite, soit avec le débiteur principal, soit avec
l'un des obligés accessoires. On trouve cette solution,
pour le fidéjusseur dans les Sentences de Paul, l. II,
t. 17, § 16 ; et pour les *sponsores*, elle est mentionnée par Cicéron, l. XVI, ad Atticum, Epist. xv (1).
Mais pour produire ce résultat, il fallait que le procès eût lieu, sur le fond même du droit, et qu'il y
eût, en effet, une *litiscontestatio*. Ainsi, bien que le
créancier ait poursuivi son payement sur les gages
qu'il avait en main, il ne perd pas son recours contre
les obligés accessoires (l. 9 et 25, Cod., 8-41). De
même le créancier qui a tenté de se faire payer, sans
exercer d'actions, en se présentant au concours ouvert sur les biens du fidéjusseur, n'a pas perdu le

---

(1) « Possumus enim ut sponsores appellentur procuratorem in-
troducere. Neque enim illi litem contestabuntur, quo facto non
sum nescius sponsores liberari. »

droit de poursuivre le débiteur s'il n'a pas été entièrement désintéressé (l. 3, § 1, Dig., 42-6). On trouve enfin une solution analogue dans la loi 84, Dig., *de solut.* (46-3) : « Egisti de peculio servi nomine cum domino; non esse liberatos fidejussores ejus respondit. At si idem servus ex peculio suo, permissa administratione peculii nummos solvisset, liberatos esse fidejussores ejus recte legisti. » Cet effet extinctif de la *litiscontestatio* fut abrogé par Justinien, dans la loi 28, Cod. (8-41).

La confusion n'a par rapport au débiteur aucun effet libératoire lorsqu'elle intervient entre le créancier et l'*adpromissor* (l. 43, Dig., 46-3). De même la confusion entre le débiteur et l'*adpromissor* éteint l'*adpromissio*, mais non la dette (l. 93, § 2, *de soluti*; l. 5, *de fid. et mand.*, Dig. — L. 24, Cod., *de fid. et mand.*).

Outre les causes directes d'extinction de l'*adpromissio*, elle s'éteint encore accessoirement à l'obligation principale. Le principe sur ce point est posé par Ulpien dans la loi 43, Dig., *de solut.* (46-3) : « In omnibus speciebus liberationum, etiam accessiones liberantur, puta adpromissores... » Nous verrons à propos de chaque espèce d'*adpromissio*, comment cette règle doit être entendue. Dans le cas où le débiteur fait une *datio in solutum*, l'*adpromissor* est-il libéré, malgré qu'il y ait plus tard éviction? Oui répondaient les Proculiens, parce que la *datio in solutum* est une vente (l. 24, Dig., 13-7). Non, disaient, au contraire, les Sabiniens, parce que la *datio in solutum* est un payement, et qu'après éviction celui qui a reçu cette *datio* exerce l'action du contrat (l. 48 et 98, Dig., 46-3).

CHAPITRE IV

RÈGLES COMMUNES AUX SPONSORES ET AUX FIDEPROMISSORES.

La *sponsio* et la *fidepromissio* ne peuvent intervenir qu'à propos d'un contrat principal formé *verbis ;* il n'en est pas de même de la *fidejussio.*

Pourvu que l'obligation principale soit valable en la forme, le *sponsor* et le *fidepromissor* sont obligés, lors même que le contrat qu'ils garantissent serait nul au fond. Gaius (comm. III, § 119) cite comme exemples, le cas d'une femme, d'un pupille qui ont contracté sans autorisation du tuteur, le cas de celui qui a promis, *post mortem suam dari ;* la *sponsio* et la *fidepromissio* de pareils contrats sont valables. Gaius pose ensuite une question qu'il ne résout pas : un esclave ou un pérégrin a promis par stipulation, un *sponsor* ou un *fidepromissor* peut-il s'obliger pour lui ? La question était évidemment controversée. Il semble que telle qu'elle est posée au § 119, elle doit être résolue négativement; sur ce motif : que l'esclave et le pérégrin (1) étant incapables d'employer la formule de droit civil : *Spondeo,* dont cependant ils se sont servis, le contrat verbal est nul dans la forme, et par suite on ne peut y adjoindre ni *sponsio,* ni *fidepromissio.*

(1) Gaii Comm., III, § 93.

Jusqu'à la loi Apuleia en 652, tous les *adpromissores* étaient sur la même ligne, quant au recours que celui qui avait payé plus que sa part pouvait exercer contre les autres. Ils n'avaient de recours qu'autant qu'ils avaient obtenu la cession d'actions. La loi Apuleia établit entre les *sponsores* et les *fidepromissores* du même débiteur une sorte de société qui leur permit de recourir les uns contre les autres.

En l'an 659, la loi Furia améliora encore à un double point de vue le sort des *sponsores* et des *fidepromissores*. Elle décida que l'obligation se diviserait de plein droit entre tous les *sponsores* ou *fidepromissores* existants lorsqu'elle devenait exigible, de telle sorte que chacun d'eux n'était tenu que pour sa part virile, et les insolvabilités, s'il y en avait, tournaient au détriment du créancier. S'il demandait à l'un des obligés accessoires plus que sa part, il encourait la *plus petitio*. Cette loi était plus favorable que la loi Apuleia qui l'avait précédée, mais elle ne s'appliquait qu'en Italie, c'est-à-dire *in Italia*, et *in provincialibus urbibus cum jure Italico*. Aussi, la loi Apuleia continua de subsister dans les provinces.

L'obligation du *sponsor* et du *fidepromissor* s'éteignait *ipso jure* à leur mort, « nisi, ajoute Gaius (comm. III, § 120), si de peregrino fidepromissore quæramus et alio jure, civitas ejus utatur. »

La loi Furia modifia cet état de choses; désormais, les *sponsores* et les *fidepromissores* furent libérés *ipso jure* par un délai de deux ans (1). Telle est la solu-

____

(1) Gaii Comm., III, § 121.

tion généralement admise. Toutefois, M. Walter (1) rapporte une opinion différente de Rudorff. Suivant cet interprète, la libération n'avait lieu après deux ans, que dans le cas où le *sponsor* ou le *fidepromissor* se seraient portés cautions auprès de l'acheteur d'un fonds italique, pour la garantie du vendeur. C'est sans doute l'analogie entre le délai de l'usucapion d'un fonds italique, et le terme fixé par la loi Furia qui a donné naissance à ce système ; il a été combattu par Huschke.

Quoi qu'il en soit, on trouve dans ce délai fixé par la loi Furia, un des cas exceptionnels, où en vertu d'une disposition formelle, le terme extinctif est un mode d'extinction *ipso jure* de l'obligation.

APPENDICE AU CHAPITRE IV

Parallèle entre les règles de la sponsio et de la fidepromissio et celles de l'adstipulatio.

Il existe une sorte de parallélisme entre la situation du *sponsor* et du *fidepromissor* d'une part, et celle de l'*adstipulator* d'autre part. L'*adstipulator* est un créancier accessoire comme le *sponsor* et le *fidepromissor* sont des débiteurs accessoires. « Ut adstipulatoris, dit Gaius (comm. III, § 126), ita et horum obligatio, accessio est principalis obligationis ; » d'où la conclusion que les uns comme les autres ne peuvent figu-

(1) Geschichte des Kœmischen Rechts. Zweiter Theil, § 419.

rer dans l'obligation, pour plus que le débiteur et le créancier, mais qu'ils peuvent y figurer pour moins, mettant à leur engagement ou à leur droit un terme ou une condition qui ne figure pas dans le contrat principal. L'esclave ne peut pas plus être *adstipulator* qu'il ne peut être *sponsor* ou *fidepromissor*. Le *sponsor* et le *fidepromissor* peuvent s'adjoindre à l'obligation du débiteur qui a promis *post mortem suam*; de même l'*adstipulator* accède valablement à la créance de celui qui a stipulé *post mortem suam*. Ces trois contrats se nouent *verbis*, dans la forme de la stipulation, et ils ne peuvent s'adapter qu'à des contrats principaux formés aussi *verbis*. Les droits ou les obligations qui en naissent ne passent pas aux héritiers, ils s'éteignent dans la personne des obligés comme des ayants droit. Enfin l'exécution de ces contrats fait naître une action *mandati*, au profit du créancier contre l'*adstipulator* qui a reçu le payement; au profit des *fidepromissores* et *sponsores*, contre le débiteur pour lequel ils ont payé (1).

CHAPITRE V

RÈGLES SPÉCIALES AUX SPONSORES.

Le *sponsor* se distingue des autres *adpromissores* par les termes qu'il emploie pour s'obliger. Il se sert seul de la formule du droit civil : *Spondes? spondeo,*

---

(1) Gaïl Comm., III, §§ 113-114-119-121-127.

formule qui, à l'inverse des autres, ne pouvait même pas se traduire en grec.

De cette différence dans les termes employés par le *sponsor* et les autres *adpromissores*, dérive une différence au fond quant aux personnes qui peuvent se porter *sponsores* et celles qui peuvent contracter la *fidepromissio*, et la *fidejussio*. Gaius nous dit (comm. III, § 93) : « Hæc quidem verborum obligatio : dari spondes? spondeo, propria civium romanorum est, cæteræ vero, juris gentium sunt. » D'où il résulte que pour se porter *sponsor*, il fallait être citoyen romain.

Outre l'action de mandat, ou de gestion d'affaires contre le débiteur, qui forme le recours de droit commun, en matière d'*adpromissio;* le *sponsor* a une autre action plus avantageuse qui lui est accordée par la loi Publilia, c'est l'action *depensi*, qui croît au double par la dénégation du débiteur. Le nom d'action *depensi* dérive du mot *dependere*, peser, débourser, parce que, à l'origine, les payements se faisaient à l'aide de la balance et du *libripens*. La même loi Publilia accordait au *sponsor*, s'il n'était pas remboursé dans les six mois qui suivaient son payement, la *manus injectio pro judicato* sur la personne du débiteur. Il était alors traité comme s'il avait été déjà condamné, et Gaius explique ainsi l'effet de cet acte (comm. IV, § 21) : « Nec licebat judicato manum sibi depellere et pro se lege agere, sed vindicem dabat qui pro se causam agere solebat; qui vindicem non dabat, domum ducebatur ab actore et vinciebatur. » Ce système dura aussi longtemps que celui des actions de la loi ; il en resta même quelque chose après que les *legis actiones* eurent fait place au système formulaire, car alors encore, celui qui était poursuivi par l'action *depensi* était tenu de donner la caution *judicatum solvi*, comme le défendeur à l'action *judicati* (1).

La loi Furia *de sponsu* donnait encore la *manus injectio pro judicato* au *sponsor* contre le créancier qui avait exigé de lui plus que sa part virile, dont cette même loi le déclarait seulement tenu. Cette *manus injectio* résultant de la loi Furia, ne subsista pas, à l'inverse de celle de la loi Publilia, aussi longtemps que le système des actions de la loi. Une loi, dont le nom est illisible dans le manuscrit de Gaius (comm. IV, § 25), supprima pour ce cas entre autres les effets de la *manus injectio* : « Illi cum quo per manus injectionem agebatur, permissum est sibi manum depellere et pro se agere. »

CHAPITRE VI

RÈGLES SPÉCIALES AUX FIDEPROMISSORES.

Le *fidepromissor* s'oblige par la formule *fidepromittis? fidepromitto*, formule qui, à l'inverse de celle de la *sponsio*, peut se traduire en grec et qui est du droit des gens. D'où il résulte qu'à l'inverse du *sponsor* le

(1) Gaii Comm., III, § 127. — IV, § 27. — Loi des Douze Tables, tab. 3.

fidepromissor peut être pérégrin, comme on le voit du reste dans le § 120, comm. III de Gaius, où il est parlé du *sponsor* et du *fidepromissor* citoyens romains, mais seulement du *fidepromissor* et non du *sponsor* pérégrin.

CHAPITRE VII

RÈGLES SPÉCIALES AUX FIDÉJUSSEURS.

Outre les règles générales à toute *adpromissio*, la fidéjussion est encore soumise à des règles spéciales. Cette forme d'*adpromittere* est la seule qui subsistât sous Justinien, la seule par conséquent dont il soit traité dans les compilations de cet empereur.

Formes de la fidéjussion. — C'est, comme toute *adpromissio*, un contrat verbal ; la formule employée est celle-ci : « Fide tua esse jubes? fide mea esse jubeo ; » elle est accessible aux pérégrins et elle peut se traduire en grec ; les citoyens romains pourront même se servir de cette langue, « si modo græci sermonis intellectum habeant (1). » On alla plus loin, et on permit l'emploi de toute espèce de langue dans la stipulation, on autorisa les contractants à parler un langage différent, « sufficit congruenter ad interrogationem respondere. » Enfin la constitution de Léon insérée au Code (l. 10, l. VIII, t. 38)

____

(1) Gaii Comm., III, § 93. — Inst., § 7, de fidej.

supprima la solennité des paroles; les parties purent employer n'importe quels termes, pourvu qu'il y eût manifestation de volonté. On admit aussi que l'écrit constatant qu'il y avait eu fidéjussion devait faire présumer que tout s'était passé conformément aux règles ordinaires, et que le contrat était valable; mais la preuve contraire demeura possible, et cette innovation de Justinien ne fit pas que la fidéjussion cessât d'être un contrat verbal (1).

Dans la loi 16 au Dig., *de fidej. et mand.*, on voit un fidéjusseur à l'égard duquel le créancier emploie la formule *dare spondes*. Cujas (In Inst. Comm., t. IV, 2e part., p. 1178) pense qu'aucun fidéjusseur ne s'obligeant par la formule *spondes? spondeo*, il faut de toute nécessité sous-entendre, à côté des termes employés par le texte, le mot *fidejubes*. Il paraît difficile, d'après l'énoncé même de la formule, que cette expression ait pu y trouver place, car elle ferait non-seulement double emploi avec le terme *spondes*, mais elle serait, pour ainsi parler, en contradiction avec lui. Ne peut-on pas dire que Julien, dans le fragment dont il s'agit, se préoccupait d'un cas de *sponsio*, et que c'est pour cela qu'il emploie la formule *spondeo*, qui correspondait à cette sorte d'obligation? Les compilateurs, en s'emparant de ce fragment, ont substitué au mot *sponsor* celui de *fidejussor;* puis, comme la constitution de Léon a fait disparaître l'usage des paroles solennelles, et qu'on peut se servir de toute expression, ils n'ont point corrigé le

____

(1) Inst., de fidej., § 8. — Pauli Sent., l. V, t. 7, § 2. — L. 131, § 2, de verb. oblig.

terme *spondes* dans la formule de l'engagement. Il est ainsi arrivé que le texte de Julien nous montre ce qui de son temps ne pouvait exister, un fidéjusseur s'engageant par la formule réservée aux *sponsores*.

La règle que le fidéjusseur s'oblige *verbis*, par stipulation, n'est pas absolument sans exception, même à l'époque classique. Les fidéjusseurs fournis par les tuteurs étaient valablement obligés, indépendamment de toute stipulation, s'ils étaient présents, et gardaient le silence lorsqu'ils étaient nommés par le tuteur, et s'ils laissaient inscrire leur nom dans les actes publics. C'est Ulpien qui nous montre ce mode de contracter fidéjussion dans la loi 4, *in fine*, Dig., *de fidej. tutorum* (27-7).

Qui peut se porter fidéjusseur? — Dans la partie relative aux règles générales, nous avons dit quelles personnes étaient incapables de se porter *adpromissores* et par conséquent d'être fidéjusseurs. Il ne reste donc à indiquer ici que les prohibitions spéciales au contrat de fidéjussion, prohibitions qui n'atteignent ni les *sponsores* ni les *fidepromissores*.

1° L'empereur Léon, dans une constitution insérée au Code de Justinien (l. 31, Cod., *locati*, 4-65), défend aux soldats de se porter fidéjusseurs, spécialement dans les contrats de louage. Mais la prohibition était sans doute générale, car les motifs qu'on en donne sont également applicables à tous les cas de fidéjussion; c'est la crainte que les soldats ne négligent les devoirs militaires pour s'occuper de ces sortes d'affaires, et que leur qualité de soldat ne leur permette de procéder, à l'égard des autres con tractants, par voie d'intimidation, « ne vicinis graves præsumptione cinguli militaris existant. »

2° La même défense est faite aux curiales spécialement aussi pour la fidéjussion du louage par les empereurs Théodose et Valentinien. Leur constitution a été reproduite par extrait au Code de Justinien (l. 30, *de locato*, 4-65). Quant au motif de cette prohibition, il ne faut point le chercher dans l'intérêt des curiales; c'est au profit de l'Etat qu'elle était établie. Les curiales avaient été chargés, sous leur responsabilité, du recouvrement des impôts ; pour que cette responsabilité fût efficace, le curiale devait être riche ; or, la fidéjussion présente des dangers : le fidéjusseur court risque de se ruiner ; l'Etat empêchera donc les curiales de se porter fidéjusseurs, à peu près avec le même esprit qu'un propriétaire met à soigner et à préserver de tout événement nuisible des choses qui sont pour lui une source de revenu.

3° Il fut défendu aux clercs de se porter fidéjusseurs en certains cas, par la novelle CXXIII, ch. vi (1).

Pour quelle dette on peut se porter fidéjusseur. — Il a été dit, aux règles générales, qu'on ne peut garantir par *adpromissio* que la dette d'autrui et non la sienne propre. La loi 21, § 2, Dig. (46-1), en cite un exemple à propos de la fidéjussion : Un esclave a contracté une dette, il est depuis affranchi, et dans ce nouvel état, il se porte fidéjusseur de la dette qu'il

____

(1) Mühlenbruch. Doctr. Pand., § 485.

a contractée. Cette fidéjussion sera-t-elle valable?
Africain distingue : Si l'affranchi a voulu, par sa
fidéjussion, garantir le droit qu'a son créancier de
poursuivre pendant une année, *de peculio,* le maître
qui a affranchi (1), il a fait un acte valable, parce
que c'est l'obligation d'autrui et non la sienne, à
propos de laquelle il est intervenu.

Si au contraire l'esclave a voulu, par sa fidéjussion, garantir la dette naturelle dont il est lui-même
tenu, son acte est nul, parce qu'il serait à la fois débiteur et fidéjusseur de la même dette.

La fidéjussion, à l'inverse des autres manières
d'*adpromittere,* qui ne s'appliquent qu'aux contrats
verbis, peut intervenir en principe, à propos de toute
obligation consacrée, soit par le droit civil, soit par
le droit prétorien. « Omni obligationi fidejussor acce-
dere potest (2). »

Elle peut intervenir pour une obligation contrac-
tuelle, qu'elle soit formée *re, verbis, litteris* ou *con-
sensu* (3); pour l'obligation résultant d'un quasi-
contrat; pour celle qui résulte d'un délit (4). Par
exemple, on peut recevoir un fidéjusseur pour l'action née du vol, qui se réduisait au payement d'une
somme d'argent plus ou moins forte, suivant les caractères du *furtum.* Mais le fidéjusseur ne peut intervenir dans les obligations *ex delicto* que « si de pecunia solvenda agitur (5). » Lorsqu'il s'agit, non plus

(1) L. 1, *pr.*, Dig. «Quando de peculio actio annalis est» (15-2).
(2) L. 1 et 8, §§ 2, 6, Dig., de fidej. et mand.
(3) Inst., § 4, de fidej. — L. 8, § 1. Dig., cod.
(4) L. 8, § 5.—L. 56, § 3.—L. 70, § 5. Dig., de fidej. et mand.
(5) Mühlenbruch. Doctr. Pand., § 485.

d'une indemnité pécuniaire, mais d'une peine corporelle, il est évident qu'il ne saurait y avoir lieu à fidéjussion, car personne ne peut subir la peine que celui qui l'a encourue. « Sancimus ibi esse pœnam, ubi et noxia est, » disent les empereurs Arcadius et Honorius dans la loi 22, Cod. *de pœnis* (IX, 47). La fidéjussion ne peut non plus s'appliquer qu'à un délit consommé; il serait contraire à l'ordre public que l'on pût cautionner une personne pour les conséquences d'un délit qu'elle doit commettre.

Nous avons vu que pour que le *sponsor* et le *fidepromissor* fussent valablement obligés, il fallait, mais il suffisait qu'ils s'adjoignissent à une obligation valable en la forme lors même qu'elle serait nulle au fond. Ainsi, Gaius (comm. III, § 119) nous les montre fortifiant l'obligation de celui qui promet : « aliquid post mortem suam dari. » La règle n'est pas la même pour les fidéjusseurs, ils ne peuvent s'adjoindre qu'à une obligation qui n'est point seulement valable en la forme, mais qui au fond a aussi une certaine valeur; ainsi le fidéjusseur ne pourrait s'adjoindre à l'obligation du débiteur *post mortem suam*, avant Justinien.

Par une exception spécialement formulée dans les textes, il est défendu au mari, pendant le mariage, de fournir un fidéjusseur qui garantisse l'obligation où il pourra se trouver lors de la dissolution de ce mariage, d'avoir à restituer la dot. Le motif de cette exception, c'est le désir d'empêcher la discorde de s'introduire dans le ménage. Elle fut établie par une constitution de Gratien, Valentinien et Théodose, de l'année 381, dont les premiers mots peuvent faire supposer qu'elle apporta une modification radicale à la pratique de l'époque, et qu'auparavant l'usage était de donner des fidéjusseurs pour la restitution de la dot. Justinien la reproduit dans sa compilation (1) et la fait suivre d'une autre constitution dont il est l'auteur, et qui a pour but d'étendre la prohibition de la première. La constitution de Théodose ne défend que la fidéjussion, et elle ne la défend qu'au mari; Justinien interdit toute *satisdatio*, ou mandat *pro dote restituenda*, et cela non-seulement au mari, mais au père, « vel omnibus qui dotem suscipiunt. » Du reste, les deux constitutions sont en parfaite harmonie quant au temps pendant lequel il est défendu de donner des sûretés pour le payement de la dot; ce n'est que pendant le mariage, et de la part de ceux qui ont reçu cette dot, non de ceux qui l'ont promise. C'est pour cela que la loi 55, Dig., *de jure dotium*, a pu dire : « Cum dotis causa; aliquid expromittitur, fidejussor eo nomine datus tenetur. »

Dès que la dot peut être exigée par la femme, la prohibition cesse, et le mari peut donner des sûretés, lors même que le mariage subsiste encore (2). La prohibition faite au mari de garantir la restitution de la dot pendant le mariage, a un caractère absolu; et il n'est pas exact de dire, que le mari pourrait valablement en ce cas, fournir un fidéjusseur, pourvu que ce fût de son plein gré.

Si le principal obligé peut invoquer une ex-

(1) L. 1 et 2, Cod. Just., ne fidej. dot. dentur (V-20).
(2) L. 21, Dig., soluto matrimonio (24-3).

ception dans le but de paralyser l'action du créancier, quelle sera, par rapport à cette exception, la situation du fidéjusseur? Il faut faire une distinction, suivant que l'exception dont il s'agit est *rei cohærens* ou *personæ cohærens*. L'exception *personæ cohærens* est celle qui naît de la situation même du débiteur, qui vient de sa personne, et par suite, elle ne peut être opposée que par lui, le fidéjusseur ne peut l'invoquer : telle est l'exception connue sous le nom de *beneficium competentiæ*, l'exception résultant de la cession de biens : « nisi bonis cesserit; » celle qui a sa source dans un pacte de *non petendo* fait *in personam* avec le débiteur (1). Du reste, les exceptions *personæ cohærentes* sont de beaucoup les moins nombreuses; en général l'exception est *rei cohærens*, et elle peut être opposée, tant par le fidéjusseur que par le principal obligé. La loi 7, Dig., *de exceptionibus*, cite comme exemple d'exceptions *rei cohærentes*, et appartenant par conséquent au fidéjusseur, l'exception *rei judicatæ*, l'exception de dol, celle qui résulte du serment, l'exception née de la violence, du pacte de *non petendo* fait *in rem* avec le débiteur; l'exception du sénatus-consulte Velléien; celle qu'on peut opposer à une stipulation faite par le patron, *libertatis onerandæ causâ*, celle qui résulte du sénatus-consulte Macédonien. Enfin, le jurisconsulte Paul, dans le même texte, ajoute que le mineur de vingt-cinq ans qui a contracté aura une exception *rei cohærens*, que la caution pourra invoquer s'il a été victime d'un dol,

(1) Inst., l. 4, t. 14, § 4. — Dig., l. 7, de exceptionibus.

s'il a été *circumscriptus*. Que s'il n'a à se plaindre que de la lésion, si *deceptus sit in re;* il pourra obtenir la *restitutio in integrum*, et jusque-là, il est certain que le fidéjusseur ne pourra opposer aucune exception au créancier. Mais aura-t-il une exception après que le mineur aura obtenu *restitutio in integrum?* Il semble qu'il n'en aura point, à moins qu'il n'ait été entendu qu'il ne donnait sa garantie qu'au point de vue de la solvabilité du mineur. Il faut, sur ce point, compléter la loi 7 par un texte des Sentences de Paul, l. I, t. 9, § 6 : « Qui sciens prudensque se pro minore obligavit, si id consulto consilio fecit, licet minori succurratur, ipsi tamen non succurretur. » Il faut entendre dans le même sens la décision des empereurs Dioclétien et Maximien dans la loi 2, Cod., II, 24, à propos de la *restitutio in integrum* d'une vente faite par un mineur : si la restitution est fondée sur le dol, le fidéjusseur en profitera ; il demeurera, au contraire, tenu si la restitution n'est fondée que sur la lésion. Ulpien dans la loi 13, *pr.*, § 1, Dig., 4-4, est de la même opinion que Paul sur cette question. « Perpendendum erit prætori, dit-il, cui potius subveniat, utrum creditori, an fidejussori. » Et cette solution est confirmée dans la loi 3, § 4 *eod.*

La loi 7, *de exceptionibus*, qui distingue entre les exceptions que le fidéjusseur peut opposer, et certaines autres, dont il ne peut se servir, semble être en opposition avec la loi 19, au même titre qui s'exprime dans les termes les plus absolus. « Omnes exceptiones quæ reo competunt, fidejussori quoque, etiam invito reo competunt. » Il semble qu'on ne puisse écarter la contradiction qui apparaît entre ces deux textes, qu'en admettant que le but du jurisconsulte Marcien à qui la loi 19 appartient, a été d'exprimer que pour les exceptions du débiteur dont le fidéjusseur peut se servir, il le peut, *etiam invito reo*, malgré la volonté du débiteur, et que ces termes : *omnes exceptiones*, ne se rapportent qu'aux exceptions *rei cohærentes*.

La même idée, que le fidéjusseur peut, même malgré la volonté du débiteur principal, opposer les exceptions qui lui viennent de ce débiteur se retrouve exprimée par Julien, dans la loi 15, *de fidejuss.* (46-1). Le fidéjusseur, en effet, a le droit d'opposer ces exceptions, et il peut y avoir intérêt : « Interest enim ejus pecuniam retinere potiusquam solutam stipulatori a reo repetere. »

Ce qui vient d'être dit que le fidéjusseur peut opposer les exceptions *rei cohærentes* qui appartiennent au débiteur principal, n'a lieu que quand ce fidéjusseur doit acquérir par son payement un recours contre le débiteur. S'il s'est, au contraire, obligé *donandi animo*, le fidéjusseur n'a pas de recours, et dès lors il sera tenu envers le créancier, auquel il ne pourra pas opposer l'exception du débiteur, Cela est dit pour l'exception née du pacte de *non petendo*, par la loi 32, Dig., *de pactis* II, 14. « Si mandati actio nulla sit, forto si donandi animo fidejusserit dicendum est, non prodesse exceptionem fidejussori. » La même solution est fournie par la loi 9, § 3, Dig., *ad So. Maced.* (14-6), pour celui qui a cautionné l'emprunt fait par un fils de famille, qui peut se pré-

valoir de l'exception du Macédonien. Il en est autrement du fidéjusseur d'une femme obligée en
fraude du Velléien; il peut opposer l'exception lors
même qu'il n'aurait pas de recours à exercer (l. 16,
§ 1, Dig., 16-1).

Le fidéjusseur qui s'est obligé sur le mandat d'une
femme étrangère à la dette pourrait, s'il payait, recourir contre cette femme, qui en définitive se trouverait avoir fait une *intercessio* par l'intermédiaire
de son mandataire; or, l'*intercessio* lui est interdite ; aussi a-t-on décidé que le fidéjusseur en ce
cas, pourrait invoquer l'exception du Velléien. Toutefois, en vertu de cette exception, il n'échappera à
la condamnation que si le créancier a su qu'il s'obligeait sur le mandat de la femme. S'il l'a igno-
ré, il repoussera l'exception par une réplique de
dol (1).

La fidéjussion peut s'appliquer, non-seulement aux
obligations civiles, mais aussi aux obligations naturelles (2) :« Fidejussor accipi potest quotiens est aliqua obligatio civilis, vel naturalis cui applicetur »
(l. 16, § 3, Dig. 46-1).

La définition des obligations naturelles qui est
donnée par la loi 16 au Digeste, à notre titre, et qui
fait l'objet de la plus vive controverse, semble devoir s'expliquer de la manière suivante : Le texte
fait allusion d'abord aux obligations empruntées au
droit des gens par le droit civil, et munies d'action

(1) L. 6, Dig., 16-1.
(2) Geschichte des Rœmischen Rechts von Ferdinand Walter.
Zweiter Theil, § 618.

par celui-ci, c'est-à-dire aux obligations que le droit
des gens et le droit civil s'accordent à admettre;
puis, en second lieu, le jurisconsulte passe aux obligations qui sont purement naturelles que le droit
civil reconnaît, mais qu'il ne garantit par aucune
action (1). Ce qui semblerait aider à cette solution,
c'est que la loi 7 au même titre, qui appartient aussi
à Julien, qui est extraite comme la loi 10 de son
Digeste, et du même endroit de cet ouvrage, semble
bien montrer que le jurisconsulte admet d'autres
obligations naturelles, que celles dont le signe est :
« Quod solutum repeti non potest. » Or, quelles sont
ces obligations, sinon les obligations naturelles que
le droit civil a sanctionnées, « quarum nomine, actio
aliqua competit. » Quand un pupille qui a conscience
de ses actes et qui n'est pas autorisé par son tuteur,
contracte, et qu'il n'y a point enrichissement à son
profit, on avait admis (2), mais après controverse
paraît-il (3), qu'il était obligé naturellement. La fidéjussion pourra donc s'appliquer aux obligations de
ce pupille. C'est ce que dit la loi 25, Dig., h. t. Mais
cette loi donne la même solution pour le *furiosus*, et
pour l'interdit pour cause de prodigalité. Cette assi-
milation est étrange, car le *furiosus* n'a point l'intel-
ligence de ce qu'il fait, on ne peut le dire même
naturellement obligé par ses actes : « Furiosi nulla

(1) De Savigny, Das Obligation enrecht, § 7. — M. Machelard,
Oblig. nat,, p. 15.

(2) L. 127, de verb. oblig. — L. 3, § 4, de negot. gestis. L. 95,
§§ 2 et 4, de solut.

(3) L. 41, de condict indebiti. — L. 59, de oblig. et act.

voluntas est, » dit la loi 40, *de reg. juris*, Dig. La même règle doit s'appliquer au prodigue interdit. Cette loi 25 devient encore plus difficile à expliquer, si on la rapproche de la loi 6, *de verb. oblig.*, Dig. Tandis que dans la loi 25, il est dit : « Marcellus scribit, si quis... pro prodigo vel furioso fidejusserit, magis esse ut ei non subveniatur, » la loi 6 dit au contraire : « Is cui bonis interdictum est... non potest... promittendo obligari, et ideo, nec fidejussor pro eo intervenire poterit, sicut nec pro furioso. » L'antinomie qui existe entre ces deux textes a donné lieu à bien des systèmes. Voici les principaux :

1° La loi 6 prévoit le cas où le fou et l'interdit auraient voulu s'obliger par contrat ; tandis que la loi 25 se place dans l'hypothèse où l'incapable s'est obligé de toute autre manière que par contrat, « ex delicto, quasi ex delicto, » comme le prévoient les lois 46, *de oblig.*, *et act.*, Dig., et 70, *de fidej. et mand.*, Dig. (1) ;

2° Suivant quelques interprètes, la loi 6 déclare que le fidéjusseur n'est point tenu en cette qualité, et la loi 25 veut qu'il soit obligé principalement, « quia donare voluisse videtur ; »

3° D'après un autre système, il s'agirait dans la loi 25 de l'obligation du fou contractée dans un intervalle lucide, et dans la loi 6 de l'obligation contractée dans un moment de folie (2) ;

(1) C'est le système de Cujas. C'est aussi celui de Voët ad Pand., L. 46, t. 1, n° 9 ; et de Perezius ad Cod., L. 8, t. 41.
(2) M. Massol, Oblig. nat., p. 159.

4° Enfin, dans une autre opinion, la loi 25 supposerait une fidéjussion antérieure à la folie ou à l'interdiction.

Ces quatre systèmes pèchent tous par le même point, ils ajoutent aux textes dont il s'agit, par des distinctions que les termes généraux et absolus de ceux-ci ne comportent nullement. Le dernier, en particulier, semble inadmissible, parce que si dans la loi 25 le jurisconsulte avait voulu parler d'une obligation antérieure à la folie ou à l'interdiction, il n'aurait pu ajouter ces mots qui terminent la loi : « His mandati actio non competit. » On ne voit pas, en effet, pourquoi celui qui, sur le mandat d'une personne depuis devenue folle ou interdite, s'est porté fidéjusseur, n'aurait pas contre elle l'action de mandat. Il est certain que la loi 25 s'occupe de l'obligation du fou et de l'interdit, en tant que fou et interdit, et il est non moins certain qu'elle est avec la loi 6 dans une véritable contradiction. Mais il est probable que cette divergence n'existait pas entre les jurisconsultes à qui ces deux lois sont empruntées. Le fragment qui forme la loi 25 devait viser un cas de *sponsio* ou de *fidepromissio*, garanties qui pouvaient s'adjoindre à un contrat verbal, pourvu qu'il fût valable dans la forme. Quant à la loi 6, elle s'occupait réellement du cas de la fidéjussion qui n'est valable que si elle intervient à propos d'une obligation au moins naturelle. La différence des règles de la *sponsio* et de la *fidepromissio* d'une part, et de la *fidejussio* d'autre part, justifiait donc la différence des solutions données par les deux jurisconsultes. Les compila-

tours, dans la loi 25, ont supprimé les termes *spon-
dere* ou *fidepromittere* qui rappelaient des institutions
tombées en désuétude, pour les remplacer par
l'expression *fidejubere*, alors en usage; et cela,
sans songer que ce qui était vrai de la *sponsio* et
de la *fidepromissio*, ne l'était plus de la *fidejussio*,
et qu'ils se mettaient en contradiction avec eux-
mêmes (1).

L'esclave peut s'obliger naturellement, et par suite,
la fidéjussion est possible pour les dettes qu'il contracte. Il peut fournir un fidéjusseur, soit à un étranger, soit à son maître (2).

Le maître peut aussi être tenu envers son esclave
d'une obligation naturelle; mais dans ce cas, le
maître fournirait en vain un fidéjusseur, car en stipulant de lui, l'esclave se trouverait acquérir le droit
à ce maître qui est en même temps son débiteur (3).
Et il faut dire qu'ici le fidéjusseur ne serait pas tenu
même naturellement.

Le fidéjusseur d'une obligation naturelle est tenu
au point de vue civil, et non pas seulement au point
de vue naturel (4). S'il n'était pas civilement tenu, on
ne verrait pas tous les textes s'accorder à dire que la
fidéjussion s'adjoint aussi bien à une obligation naturelle qu'à une obligation civile, car il y aurait entre
ces deux cas une différence capitale. Et cette solu-

(1) M. Demangeat, Cours de Droit romain, t. II, p. 276.
(2) Gaï Comm., III, § 119. — Inst., de fidej., § 1. — L. 70,
Dig., 46-1.
(3) L. 64, Dig., 12-6. — L. 56, Dig., 46-1.
(4) Voët ad Pand., L. 46, t. 2, n° 9. — Gaï Comm., III, § 119.
— Inst., de fidej., § 1. — L. 6, 7 et 16, § 3, Dig., 46-1.

tion ne viole pas la règle générale que l'*adpromissor*
ne peut être tenu *in duriorem causam quam reus principalis.* En ce cas, en effet, il n'est pas tenu à plus;
il ne doit que la même prestation. Seulement, le lien
est plus étroit; il y a *arctius vinculum.* Lorsque la
dette est ainsi naturelle la réunion des qualités de
débiteur et de fidéjusseur ne fait pas disparaître la
fidéjussion à l'inverse de ce qui a lieu quand la dette
est civile. C'est la solution de la loi 21, Dig., 46-1.
C'est encore ainsi qu'il faut entendre la loi 95, § 3,
Dig., 46-3 (1).

La fidéjussion *judicio sisti* fut spécialement régle-
mentée par les constitutions impériales; elle s'appliquait non pas seulement aux matières civiles, mais
aussi aux matières criminelles. Il y avait en ce sens
un rescrit d'Antonin le Pieux (l. 3, Dig., 48-3).
Tout accusé peut se soustraire à la prison préventive
en donnant des fidéjusseurs, à moins qu'il ne s'agisse
d'un crime très-grave. Une constitution de Constan-
tin autorise l'appelant, même d'une sentence capitale,
à se faire mettre en liberté sous caution (l. 12,
Cod., 7-62). Enfin Justinien, dans la loi 26, Cod., *de
fidej.* (8-41), accorde aux fidéjusseurs *judicio sisti* un
délai supplémentaire qui varie suivant les cas. Si
l'accusé meurt dans le délai fixé par la fidéjussion
pour le représenter, les fidéjusseurs sont libérés. Mais
si cet événement ne se produit pas, et que l'accusé
ne soit pas représenté, le fidéjusseur sera, s'il y a
dol de sa part, poursuivi au criminel (*extra ordinem*);

(1) Cujacii Comment. in lib. quæst. Papin., sub h. l. T. 14,
c. 725.

s'il n'y a pas dol, il payera une somme que le président de la province fixera, si elle ne l'a déjà été,
dans l'acte de fidéjussion, et si elle n'est réglée par la
coutume (l. 4, Dig., 48-3).

Etendue de la fidéjussion. — L'obligation du fidéjusseur, à l'inverse de celle du *sponsor* et du *fidepromissor*, passait à ses héritiers (1). En vertu du principe de la loi des Douze Tables, ils n'en étaient
tenus que chacun pour sa part et portion.

Le fidéjusseur demeurait tenu lorsque l'obligation
était perpétuée à raison de la *mora* du débiteur (2).
C'est en ce sens qu'il faut entendre dans la loi 24,
Dig., *de usuris*, ces mots : « Cum reus moram facit,
et fidejussor tenetur. » Si le fidéjusseur fait périr la
chose due, avant la demeure, le débiteur est libéré ;
quant au fidéjusseur, on admit d'abord qu'il était
aussi libéré, sauf au créancier à intenter contre lui
l'action de dol, puis on donna contre lui en ce cas
l'action du contrat au moyen d'une restitution d'a-
bord, et enfin directement. Quant au point de savoir
dans quelle limite le fidéjusseur est tenu par rapport
à l'étendue de l'obligation principale, il faut distinguer suivant qu'il s'est engagé *in omnem causam*, ou
seulement pour une certaine somme. S'il a garanti
l'obligation *in omnem causam*, il sera tenu de tout ce
à quoi le débiteur est lui-même obligé à raison de
l'acte. Ainsi dans une obligation *bonæ fidei*, il devra
les intérêts moratoires. Telle est la solution donnée

(1) Gaii Comm. III, § 120. — Inst., de fidej., § 2. — L. 24, Cod.,
8-41. — L. 4, Dig., 16-1.
(2) L. 58, § 1, Dig. 16-1.

par la loi 54, Dig. 19-2, pour celui qui a garanti *in omnem causam* l'obligation d'un fermier. Il faut assimiler au fidéjusseur d'un contrat de bonne foi celui qui a garanti *rem pupilli salvam fore*; la loi 10, Dig., 46-6, déclare qu'il est obligé pour les intérêts dus à raison du retard; il a, en effet, garanti tout ce que le tuteur pourrait devoir à raison de sa gestion, il s'est engagé *in omnem causam*. De même dans la loi 17, Dig. (36-3). L'un de plusieurs héritiers ayant donné caution pour un legs dont tous les héritiers sont chargés, l'accroissement a lieu postérieurement, de sorte que l'héritier qui a cautionné se trouve tenu, par exemple, de la totalité du legs, le jurisconsulte décide que le fidéjusseur, bien que donné lorsqu'il semblait que l'héritier ne devait qu'une partie du legs, pourra comme cet héritier être poursuivi pour le tout. Le motif de cette décision, c'est que l'héritier avait dès le principe vocation au tout, par conséquent il était, dès le principe, conditionnellement tenu de tout le legs, et que le fidéjusseur a dû garantir, en s'engageant, cette obligation conditionnelle. Ce fidéjusseur sera aussi tenu des dommages et intérêts moratoires s'il y a lieu, car la stipulation par laquelle s'engage l'héritier est prétorienne, « et recte placuit ex mora incrementum habituram... ut id quod oportebit comprehendat » (l. 1, § 13, Dig., 36-3).

S'il s'agit d'obligations *stricti juris*, il ne peut pas être question d'augmentations non fixées par le contrat, sauf quand il y a lieu à l'action *arbitraria de eo quod certo loco*; et la loi 8, Dig., 13-4, décide que le fidéjusseur ne sera pas tenu de cette augmentation.

Si le fidéjusseur s'est engagé pour une certaine somme, il ne doit rien au delà, quelque augmentation que reçoive ensuite l'obligation principale. Il est de principe que la fidéjussion ne saurait être étendue au delà des limites fixées par le contrat qui l'a établie. C'est ce que décide la loi 68, Dig., 46-1.

Effets de la fidéjussion. — 1° Entre le fidéjusseur et le créancier. Le fidéjusseur peut opposer au créancier les exceptions qu'il a de son chef pour échapper au payement. Outre les exceptions qui peuvent appartenir à tout débiteur, le fidéjusseur a sous le nom de bénéfices des exceptions spéciales fondées sur le caractère de son obligation. En principe, le créancier peut attaquer le fidéjusseur pur et simple, sans s'être auparavant adressé au débiteur principal. Le fidéjusseur ne peut invoquer ni la loi Apuleia, ni la loi Furia; le créancier peut le poursuivre pour le tout, et il reste sans recours contre les autres obligés accessoires s'il n'a pas obtenu la cession d'actions. Telle fut, dès l'origine, la situation du fidéjusseur. Cette situation ne fut jamais directement changée; mais il y fut apporté des modifications indirectes au moyen de ce qu'on nomme les bénéfices. Ce sont des tempéraments d'équité introduits successivement par les progrès de la législation.

Bénéfice de division. — Gaius (comm. III, § 121) donne ce bénéfice comme ayant été créé par Adrien;

Paul, dans ses Sentences (l. 1, t. 20), le fait dériver de l'édit du préteur. Il faut probablement conclure de là que la disposition contenue dans l'*epistola Adriani* fut introduite dans la rédaction définitive de l'édit du préteur, exécutée sous ce même empereur par Salvius Julianus.

Voët (Ad Pand., L. 46, t. 1, n° 21) a soulevé une autre difficulté sur l'origine du bénéfice de division. Dans la loi 49, § 1, Dig. (46-1), on lit ces mots : « Severior et utilior est in utroque casu illa sententia, solutionem non indebitæ quantitatis non debere revocari. Quod etiam epistola divi Pii significatur in persona fidejussoris qui totum exsolverat. » Voët se demande si le rescrit mis ici sous le nom d'Antonin le Pieux n'est pas celui qui a établi la division, et qui est attribué à Adrien par les autres textes. Mais rien ne fait présumer que la solution donnée par Antonin soit la même que celle d'Adrien. Un fidéjusseur qui a payé le tout, sans opposer la division, comme il l'aurait pu en vertu du rescrit d'Adrien, demande s'il peut répéter ce qu'il a payé de plus que sa part; Antonin répond que la répétition n'est pas possible, parce que le fidéjusseur devait le tout *ipso jure*. La question elle-même présuppose l'existence du bénéfice de division.

Le but du bénéfice de division est de forcer le créancier à fractionner son action entre tous les fidéjusseurs solvables au moment de la *litiscontestatio;* de telle sorte que la part des insolvables, s'il y en a, retombera sur ceux qui sont solvables, et que le créancier, s'il n'apporte point de négligence dans les poursuites, n'éprouvera aucun préjudice. Que si, par ses retards, il laisse certains des fidéjusseurs devenir insolvables, il éprouvera sans doute un dommage ; mais il l'éprouvera par sa faute. Or : « Qui culpa sua damnum sentit, sentire non intelligitur. » Le créancier mineur qui supporte un semblable préju-dice ne sera pas restitué *in integrum*, « non enim decoptus videtur, jure communi usus. » Il n'y aurait lieu à restitution que si on avait compris dans la di-vision des fidéjusseurs déjà insolvables lors de la *litis-contestatio ;* en ce cas, en effet, le mineur aurait été trompé (1).

Le bénéfice de division ne peut être opposé qu'entre coobligés accessoires, il ne pourrait l'être entre le fidéjusseur et le débiteur principal, entre le fidéjusseur et son *succedaneus fidéjussor*. Il ne peut non plus être opposé qu'entre cofidéjusseurs de la même dette et du même débiteur ; ainsi il ne pour-rait l'être entre les fidéjusseurs de deux *correi de-bendi*. Une autre condition, c'est que le fidéjusseur qui l'oppose ait garanti ou toute la dette ou du moins plus que sa part virile, sans quoi la division n'aurait pour lui aucune utilité (2).

Même lorsque ces conditions sont réunies, celui qui a pour cofidéjusseur une femme qui a fait *inter-cessio*, malgré la défense du Velléien, ne peut faire diviser l'action du créancier (3).

Quant à celui qui a pour cofidéjusseur un mineur,

(1) L. 26, 51, § 4, et 52, Dig., 46-1.
(2) L. 27, *in fine*, 51, Dig., 46-1.
(3) L. 48, Dig., 46-1.

la loi **48** fait certaines distinctions, dont le motif est qu'on a pu ignorer l'âge du mineur, le croire majeur. La circonstance que certains des fidéjusseurs sont obligés à terme ou sous condition n'empêche pas la division de s'opérer à leur égard, sauf à apprécier leur solvabilité à l'événement du terme ou de la condition (l. **27**, Dig., **46-1**).

C'est au fidéjusseur à prouver la solvabilité de ses cofidéjusseurs, en vertu de la règle *reus excipiendo fit actor*.

Le bénéfice de division pour les fidéjusseurs et la disposition de la loi Furia pour les *sponsores* et les *fidepromissores*, tendent au même but, mais il y a entre eux des différences considérables. Ainsi :

1° En vertu de la loi Furia la dette se divise de plein droit, chaque débiteur ne doit que sa part, d'où il résulte : que si le créancier réclame plus que cette part, il encourt la *plus petitio*; que si l'*adpromissor* a payé plus, il a la *condictio indebiti* pour répéter ce qu'il a ainsi indûment payé. Au contraire, le bénéfice de division n'anéantit pas le droit du créancier, il le paralyse, il n'opère que *exceptionis ope*. Le créancier qui poursuit l'un des fidéjusseurs pour le tout ne réclame que ce qui lui est dû, il n'y a pas *plus petitio*, et s'il a reçu le tout, *suum recepit*, il n'est soumis à aucune action en répétition.

2° La division de la loi Furia s'opère d'une façon absolue entre tous les *sponsores* ou *fidepromissores*, de sorte que les insolvabilités sont supportées par le créancier. Au contraire, dans la division opérée entre fidéjusseurs *ex epistola Adriani*, on ne considère que ceux qui sont solvables lors de la *litiscontestatio* (1).

Le préteur ne délivrait la formule que pour partie contre le fidéjusseur attaqué s'il opposait l'exception, et que les parties fussent d'accord sur la solvabilité des autres obligés accessoires. S'il y avait doute, une exception était introduite dans la formule qui portait condamnation au tout; c'était l'exception générale de dol, ou l'exception spéciale : *Nisi et illi solvendo sint.*

Les anciens interprètes du droit romain admettaient que, même *in judicio* et jusqu'à la sentence, le bénéfice de division pouvait être opposé par le fidéjusseur. Ils argumentaient en ce sens de la loi 10, § 1, Cod., 8-41 : « Ut... is qui cum altero fidejussit non solus conveniatur, sed dividatur actio inter eos qui solvendo sunt, *ante condemnationem* ex ordine postulari solet. » N'ayant aucune des lumières qu'a fournies la découverte des Instituts de Gaius, et ne connaissant qu'imparfaitement le mécanisme de la formule sous la période de l'*ordo judiciorum*, ils avaient interprété l'expression *ante condemnationem* par celle-ci : avant la sentence. Mais il est aujourd'hui manifeste que cette expression désigne, non pas la décision du *judex;* mais la partie finale de la formule qui donnait au juge le pouvoir de statuer. C'est donc *in jure*, avant la *litiscontestatio*, que le bénéfice de division doit être opposé.

Tous les fidéjusseurs n'avaient pas d'une façon absolue le bénéfice de division.

____

(1) Perezius ad Cod., 8-11.

1° Il était refusé au fidéjusseur qui avait nié cette qualité (l. 10, § 1, Dig., 46-1).

2° Aux fidéjusseurs qu'un tuteur avait fournis pour la *satisdatio rem pupilli salvam fore* (l. 12, Dig., 46-6).

3° Le bénéfice de division peut enfin faire l'objet d'une renonciation spéciale. Suivant la loi 3 au Code, (8-41), la déclaration des fidéjusseurs qu'ils s'engagent *in solidum* ne vaudra pas renonciation.

Bénéfice de cession d'actions. — Le fidéjusseur avait en second lieu, contre le créancier, le bénéfice de cession d'actions, il a été examiné dans la partie relative aux règles générales à tous les *adpromissores.*

Bénéfice d'ordre ou de discussion. — Il fut établi par Justinien dans la novelle IV. L'empereur, dans cette constitution, prend soin de déclarer qu'il ne fait que renouveler la disposition d'une ancienne loi tombée depuis longtemps en désuétude (1).

En principe, le créancier peut s'adresser à qui bon lui semble, du débiteur ou des obligés accessoires. Il en dut être ainsi tant qu'on admit que la *litiscontatio* opérée avec l'un des obligés libérait tous les autres, car le forcer, dans cette situation, d'attaquer d'abord le débiteur qui était peut-être insolvable, c'était lui faire courir le risque de n'être point payé, bien qu'il y eût d'autres obligés solvables. Justinien, dans la constitution 28, Cod., 8-41,

____

(1) Le bénéfice avait du reste, depuis longtemps, fait son apparition dans les mœurs et les habitudes, sinon dans les lois. « Non aliter salvo pudore ad sponsorem venit creditor quam si recipere a debitore non possit, » dit Quintillien, Declam. 273.

assimila les fidéjusseurs ordinaires aux *fidejussores indemnitatis* et aux *mandatores pecuniæ credendæ*, en ce point que désormais l'action intentée contre l'un des fidéjusseurs ou contre le débiteur ne faisait plus disparaître l'action contre les autres. Dès lors, la voie fut ouverte à l'admission du bénéfice de discussion.

On trouve une constitution de Dioclétien et Maximien qui consacre le même principe que la loi **28**, c'est la loi **23** au Code (8-41); mais elle a évidemment été interpolée, car Justinien donne sa constitution comme opérant un changement, or il n'y en aurait aucun si Dioclétien et Maximien avaient déjà donné la solution qu'on met sous leur nom dans la loi **23**. Tribonien, dans ce texte, a dû ajouter les mots : « reos principales. » La constitution n'était faite que pour les *mandatores pecuniæ credendæ*.

Du moment que l'effet de la *litiscontestatio* fut supprimé, il devenait naturel d'obliger le créancier à s'attaquer d'abord au débiteur qui avait retiré le profit du contrat et qui devait en définitive en supporter la charge. C'est ce qui fut fait par la novelle IV. Le bénéfice de discussion n'ôte pas au créancier le droit d'attaquer de prime abord l'un des fidéjusseurs, mais il permet au fidéjusseur ainsi attaqué de renvoyer le créancier discuter d'abord le débiteur principal, sauf à revenir ensuite contre lui, s'il n'a pas été désintéressé par la discussion. S'il n'invoque pas le bénéfice, le créancier obtiendra condamnation contre lui.

Le bénéfice de discussion ne peut être opposé :

1° Si le débiteur est absent. En ce cas, le fidéjusseur attaqué obtiendra du juge un délai pendant lequel il sera admis à représenter le débiteur pour opposer ensuite la discussion. Ce délai passé, il sera condamné envers le créancier, sauf à obtenir de ce créancier la cession d'actions.

2° Le bénéfice de discussion cesse encore de pouvoir être opposé, quand le fidéjusseur y a renoncé. La renonciation est possible en vertu du principe général posé par Justinien dans la loi 29, Cod., *de pactis*, 2-3. Mais elle doit être spéciale (1).

3° Le fidéjusseur d'une dette naturelle ne peut opposer la discussion du débiteur principal.

4° Ne pourrait non plus invoquer le bénéfice, le fidéjusseur à qui le débiteur aurait déjà remis la somme nécessaire à l'acquittement de l'obligation.

5° La discussion ne peut enfin être opposée si le débiteur principal est évidemment insolvable (2).

Effets de la fidéjussion entre le fidéjusseur et le débiteur. — Le fidéjusseur a un recours contre le débiteur dont il a garanti la dette. Ce recours peut avoir lieu, suivant les cas, soit après que le fidéjusseur a acquitté la dette, soit même avant qu'il ait effectué le payement.

Recours avant payement. — Ce recours n'a lieu qu'exceptionnellement. Il y eut longtemps controverse à Rome à son sujet, et la possibilité n'en fut

---

(1) L. 4, Dig., 2-11, Si quis caut. in jud. —Voët ad Pand., L. 46, t. 1, n° 16.

(2) L. 6, Dig., 4-3. — Voët eod., n° 17. — Perezius ad Cod., 8-11.

pas admise sans difficulté, comme on le voit par la loi 38, § 1, Dig., 17-1. Marcellus, après avoir examiné une question difficile, ajoute : « Non absimilis illa quæ frequentissime agitari solet, fidejussor an et priusquam solvat agere potest ut liberetur. » Le jurisconsulte se détermine à accorder le recours avant payement en trois cas : 1° Après qu'il est intervenu une condamnation contre le fidéjusseur, et à moins qu'il n'ait été condamné par sa faute (l. 07, Dig., 46-1). — 2° « Si diu in solutione reus cessavit : » c'est-à-dire si l'obligation du fidéjusseur dure, comme celle du débiteur, depuis un temps considérable. — 3° « Aut si certe bona sua dissipavit. » Le premier cas ne semble laisser aucun doute au jurisconsulte, mais il n'en est pas de même des deux autres, quant à eux, il ne donne pas de décision absolue ; « præsertim, si domi pecuniam fidejussor non habebit, qua numerata creditori, mandati actione conveniat. » Le système de Marcellus prévalut, comme on le voit au Code, par une constitution de Dioclétien et Maximien, qui forme la loi 10, Cod., 4-35. Après avoir énuméré deux des cas mentionnés par la loi 38, les empereurs en indiquent un autre : celui où le fidéjusseur ne s'est engagé qu'à la condition de pouvoir se faire décharger de son obligation après un certain temps.

Recours après payement. — Quand le fidéjusseur a payé, le principe est qu'il a un recours contre le débiteur. Il a été dit, à propos des règles générales à tous les *adpromissores*, par quelles voies ce recours s'exerce, il n'est donc nul besoin d'y revenir ici. Il

faut seulement observer qu'on admet en cette matière l'existence d'un mandat tacite, « si fidejussor
pro reo patiente fidem adstrinxerit » (l. 6, Cod.,
4-35).

En principe, le recours du fidéjusseur peut s'exercer immédiatement après que le créancier a été désintéressé. Que décider si le fidéjusseur a payé avant
l'échéance? La question paraît avoir été controversée. Suivant certains jurisconsultes, le fidéjusseur
qui a payé avant l'échéance peut agir immédiatement contre le débiteur, mais en réduisant son action en proportion de l'intérêt que le débiteur aurait
eu à ne payer qu'à l'échéance. Dans un autre système, qui est celui de Paul, dans la loi 22, Dig.,
17-1 ; le fidéjusseur sera privé de tout recours jusqu'à l'échéance. C'est le système de Paul qui a pré-
valu au Digeste, il était aussi admis par Ulpien dans
la loi 31, Dig., 46-1 ; et par Javolenus dans un fragment qui forme la loi 51, Dig., *mandati*.

Lors même que le fidéjusseur n'aurait payé qu'à
l'échéance, il pourra y avoir telle circonstance qui
l'empêchera d'exercer immédiatement son recours ;
par exemple, si le débiteur est mort, son héritier ne
pourra être contraint de payer à l'instant même où il
fera l'adition d'hérédité : il faudra lui laisser un certain délai pour prendre en main les affaires de la
succession (1). Ce délai était de trente jours ; il avait
été fixé par la loi des Douze Tables, si on en croit
Alexander ab Alexandro (2). Il y a, ce semble, ana-

(1) Loi 105, Dig., 46 3.
(2) Genialium dierum, libri sex. L. 6, c. 10.

logie entre cette disposition et celle du Code civil, qui prescrit un délai de huit jours avant que les titres exécutoires contre le défunt le soient aussi contre son héritier.

Le recours comprend d'abord ce que le fidéjusseur a payé au créancier en l'acquit du débiteur, mais rien au delà de ce par quoi le débiteur aurait pu lui-même se libérer. Ainsi, si une chose de genre a été promise, le fidéjusseur, bien qu'il ait payé au créancier une des meilleures choses de ce genre, ne pourra demander au débiteur qu'une chose de valeur moyenne, par la dation de laquelle il aurait pu se libérer envers le créancier. C'est ce que dit Javolenus dans la loi 52, Dig., 17-1.

En outre, le fidéjusseur pourra réclamer les frais faits à l'occasion du payement ; *ex justa ratione*, dit la loi 45, § 6, Dig., 17-1.

Le recours n'aurait pas lieu si le fidéjusseur avait libéré le débiteur principal sans qu'il lui en coutât rien, et sans que le créancier lui eût remis la dette *intuitu personæ ejus* (1).

Lorsqu'il y a eu payement, le recours n'a lieu que si ce payement a été utile au débiteur, s'il a été valable. Ainsi, celui qui, fidéjusseur d'une dette de genre, la paye avec une chose qui appartient à autrui, ne libère pas le débiteur et, par suite, n'a pas de recours contre lui. Mais le recours naîtra quand la chose aura été usucapée par le créancier à qui elle a été remise (2).

(1) Doneau, t. VIII, p. 381.
(2) L. 47, Dig., mandati, 17-1.

Si le fidéjusseur paye une chose qui n'est pas due, il sera, quant à elle, sans recours. Toutefois, s'il y a quelque doute sur le point de savoir si des intérêts sont dus, le fidéjusseur qui croit qu'il en est dû ne pourrait être contraint à le nier, et s'il les paye en ce cas, il aura, quant à eux, l'action en répétition contre le débiteur (l. 48, *pr.*, Dig., 17-1).

Le fidéjusseur n'aura pas non plus de recours pour le payement par lui fait à une personne autre que celle qui avait droit de le recevoir; il aura seulement contre cette personne la *condictio indebiti* (l. 26, § 5, Dig., 17-1).

Le fidéjusseur doit user de toutes les exceptions du débiteur, « quæ personæ debitoris non cohærent; » s'il manque de les opposer, il perd son recours. Toutefois, le recours n'est perdu que s'il a manqué de les opposer volontairement, ou tout au moins *ignorantia juris;* cette négligence est alors considérée de sa part comme un dol. Que s'il a manqué de les opposer *ignorantia facti,* il pourra exercer contre le débiteur l'action de mandat; celui-ci, en effet, devait prévenir son mandataire des moyens de défense qu'il possédait (l. 20, § 1, Dig., 17-1).

De même, si le débiteur a payé ou a été libéré, le fidéjusseur qui n'en a pas été prévenu a son recours s'il a payé une seconde fois. Le fidéjusseur condamné mal à propos et qui n'appelle pas de la sentence, ou au moins ne prévient pas le débiteur pour qu'il appelle s'il le juge bon, perd son recours (l. 8, § 8, Dig., 17-1).

Le fidéjusseur qui a payé utilement sera encore

destitué de tout recours s'il n'a pas prévenu le débiteur de ce payement, et que celui-ci ait payé une seconde fois.

Dans les cas où le fidéjusseur qui a payé n'a pas de recours contre le débiteur, pourra-t-il exercer contre celui qui a reçu le payement la *condictio indebiti?* Il ne le pourra en aucun cas s'il a été condamné à payer « tunc enim, propter auctoritatem rei judicatæ repetitio cessat, » dit Ulpien dans la loi 29, Dig., 17-1. S'il n'est pas intervenu de condamnation, il faut distinguer : si la dette qu'il a acquittée existait comme dette naturelle; il ne pourra répéter, car c'est un des caractères de cette sorte d'obligations, que *soluta pecunia repeti non potest;* si la dette n'existait même pas naturellement, le fidéjusseur aura la *condictio indebiti.*

Effets de la fidéjussion entre les divers fidéjusseurs. — Le fidéjusseur qui paye n'a en principe aucun recours contre les coobligés accessoires, et il ne peut agir contre eux que s'il a eu soin d'invoquer à l'égard du créancier le bénéfice de cession d'actions.

APPENDICE.

SECTION I. *De la fidejussio indemnitatis.*

La *fidejussio indemnitatis,* qui est un cas d'*adpromissio,* a de nombreux points de contact avec la fidéjussion ordinaire; il suffira d'indiquer brièvement les différences qui les séparent.

Le *fidejussor indemnitatis* ne stipule point la même

chose que le débiteur principal, il stipule « quanto minus a reo consequi poterit creditor. »

De ce que la dette du *fidejussor indemnitatis* n'est pas la même que celle du débiteur principal, il résulte que la *litiscontestatio* faite avec ce débiteur ne libère point le *fidejussor indemnitatis*, qu'il n'est pas même libéré à suite de la condamnation du débiteur, mais seulement après le payement effectué par celui-ci et dans la mesure de ce payement.

De ce qu'il a promis « quanto minus consequi posset creditor, » il résulte encore que l'obligation du *fidejussor indemnitatis* est une obligation conditionnelle soumise à la condition négative : si le débiteur ne paye pas. Il n'est donc pas obligé tant que le débiteur n'a pas été discuté, et si le débiteur paye, la condition sous laquelle il s'était engagé faisant défaut, il est censé n'avoir jamais été obligé.

Ces principes sont exposés dans la loi 116, Dig., *de verb. oblig.*, 45-1, et dans la loi 21, Dig., *de solut.*, 46-3. Ils paraissent avoir été mis en lumière par le jurisconsulte Paul, qui est cité dans le premier de ces textes et à qui le second appartient. Plus anciennement, dans le texte qui forme la loi 42, *de reb. creditis*, 12-1, Celso adoptait un système (1) différent, qui éloignait peut-être moins le *fidejussor indemnitatis* du *fidejussor* ordinaire. D'après Celse, la dette du *fidejussor indemnitatis* n'est pas conditionnelle, d'où il résulte qu'il peut être attaqué avant le débiteur, mais il ne peut l'être que pour ce que le débi-

(1) M. Pellat, Textes choisis des Pandectes, p. 161 et suiv.

teur principal serait en ce moment hors d'état de payer s'il était actionné. Du reste, dans ce système, le *fidejussor indemnitatis*, bien qu'obligé dès le principe, n'est libéré, comme dans l'opinion de Paul, que lorsque le principal débiteur a acquitté la dette.

Il faut ajouter, avec la loi 150, Dig., *de verb. signif.*, 50-16, que le *fidejussor indemnitatis* sera tenu au tout si le créancier ne peut rien obtenir du débiteur principal.

Le *fidejussor indemnitatis* ne doit au créancier que ce que celui-ci ne pourra obtenir du débiteur principal, d'où on avait conclu que si, à un seul moment depuis l'échéance, le débiteur avait été solvable et à même d'acquitter la dette, le *fidejussor* était dès lors libéré, parce que le créancier, bien qu'il n'eût pas usé de cette faculté, aurait pu se faire payer à cet instant; c'était donc par sa faute qu'il n'avait pas reçu son payement, et le *fidejussor indemnitatis* ne devait pas souffrir de cette faute, à laquelle il n'avait nullement participé (1). C'est encore là un autre point de différence avec la fidéjussion ordinaire. Ces différences avaient été indiquées par une constitution qui forme la loi 2, Cod., *de fidej. tutor. vel curator.*, 5-57; mais les interpolations qu'elle a subies lui ont à peu près enlevé toute signification (2).

Justinien, en supprimant (l. 28, Cod., h. t.) l'effet ancien de la *litiscontestatio* et en permettant au créancier qui a poursuivi le débiteur de s'attaquer, s'il n'a

---

(1) Dig., L. 11, de fidej.; L. 203, de reg. Juris. — Voët ad Pand., 46-1, n° 39.

(2) M. Demangeat, des Oblig. solid. en dr. rom., p. 80.

pas été désintéressé, au fidéjusseur ordinaire, supprima une des différences qui avaient existé jusquelà entre cet obligé accessoire et le *fidejussor indemnitalis*. L'introduction du bénéfice de discussion, qui permit au fidéjusseur de renvoyer le créancier qui l'attaquait de prime abord discuter le débiteur principal, atténua, mais sans la supprimer complétement, la seconde différence qui existait entre ces deux sortes de fidéjussion.

En effet, en vertu du bénéfice de discussion, le fidéjusseur ordinaire, comme le *fidejussor indemnitalis*, put obliger le créancier à s'adresser au débiteur avant d'exiger de lui le payement. Mais la fidéjussion ordinaire resta pure et simple, tandis que la *fidejussio indemnitalis* était conditionnelle, de telle sorte que l'action intentée contre le *fidejussor indemnitalis*, avant le débiteur principal, était mal intentée, tandis que l'action intentée de prime abord contre le fidéjusseur ordinaire était bien intentée, sauf à lui opposer, s'il le jugeait à propos, l'exception de discussion (1).

SECTION II. *Du mandatum pecuniæ credendæ.*

Le *mandatum pecuniæ credendæ* n'est pas, comme la *fidejussio indemnitalis*, une espèce d'*adpromissio*, mais il se place à côté de l'*adpromissio*, et il est, comme celle-ci, une des formes de l'*intercessio*. On nomme *mandatum pecuniæ credendæ* le mandat donné par une personne à une autre de prêter à un tiers.

(1) Vinnii Comm., in t. XXI, l. III. Inst.

Le mandat obligeant le mandant à indemniser le mandataire des dommages qu'il peut avoir subis dans l'exécution du contrat, il est facile de comprendre que le *mandator pecuniæ credendæ* se trouve garant du remboursement de la somme prêtée à sa demande. Il y a là une ressemblance profonde entre lui et l'*adpromissor* (l. 32, Dig., *mandati*). Mais il diffère de ce dernier par des points nombreux et importants, dont les principaux vont être brièvement indiqués :

Le *mandator pecuniæ credendæ* n'est pas, comme l'*adpromissor*, un obligé accessoire ; il est tenu *principaliter* en vertu du contrat de mandat.

Le contrat par lequel il s'engage étant un contrat consensuel, il n'est pas assujetti à des formes solennelles et peut se former par la seule manifestation de volonté, lors même que les deux parties ne se trouveraient point présentes dans le même lieu.

Toutefois, la prohibition du Velléien s'appliquera au *mandatum pecuniæ credendæ* tout comme à l'*adpromissio*, car elle défend aux femmes, d'une manière générale, toute espèce d'*intercessio* (l. 2, Dig., *ad sc. Vell.*, 16-1).

Comme l'*adpromissor* encore, le *mandator pecuniæ credendæ* ne peut s'obliger à plus que ce que devra le débiteur principal (l. 22, Cod., 8-41) ; toutefois, il faut observer qu'à l'inverse de l'*adpromissor*, il sera tenu d'indemniser le créancier des dommages qu'aura pu lui causer l'exécution du mandat.

Le *mandator pecuniæ credendæ* par la nature des choses ne peut s'obliger qu'avant le débiteur principal, en quoi il diffère de l'*adpromissor* (l. 12, § 14, *mandati*, au Dig.). « Si post creditam pecuniam mandavero creditori credendam nullum esse mandatum rectissimo Papinianus ait, » dit le jurisconsulte Ulpien (1).

La nécessité de la *prædictio* n'exista jamais pour celui qui recevait le mandat de prêter à un tiers, comme elle existait pour celui qui recevait des *adpromissores*.

Le *mandatum pecuniæ credendæ* ne fut non plus jamais restreint comme l'*adpromissio* dans les limites de la loi Cornelia.

C'est par l'action de mandat que le créancier poursuivra le *mandator pecuniæ credendæ*, celui-ci pourra se refuser à payer et repousser le créancier s'il a perdu par sa faute les actions qu'il avait contre le tiers débiteur; et c'est là encore un point de dissemblance entre le *mandator* et l'*adpromissor* (l. 95, § 11, Dig., *de solut.*, 46-3). Le motif de cette différence, c'est qu'à l'inverse de l'*adpromissio*, le contrat de mandat est synallagmatique, et que dans ces sortes de contrats, l'une des parties n'exécutant pas son obligation, l'autre partie peut, de son côté, se refuser à exécuter les siennes. Le mandant peut encore échapper au recours du mandataire, bien que celui-ci n'ait pas perdu les actions qui lui appartenaient contre le débiteur, s'il a négligé de prendre les sûretés qu'il lui était prescrit dans le contrat de mandat de se faire donner (l. 7,

---

(1) « Mandatum, dit Bartole, non potest intervenire pro eo quod est factum, sed in eo quod fiendum est. « (Super Digesto vetere, p. 120, mandati vel contra.

Cod., *de fidej.*, VIII-41). Par exemple, si on lui avait donné mandat de prêter, mais avec gage ou hypothèque, et qu'il ait prêté purement et simplement, il a en ce cas excédé les termes du mandat, et ne peut par suite avoir contre le mandant un recours efficace.

Même avant la constitution de Justinien, qui enlève à la *litiscontestatio* l'effet libératoire qu'elle avait à l'égard des coobligés, la *litiscontestatio* faite avec le débiteur ne libérait pas le *mandator pecuniæ credendæ*, à l'inverse de ce qui avait lieu pour l'*adpromissor*. Le motif en est que la dette du *mandator pecuniæ credendæ* n'est pas la même que celle du débiteur; il n'a pas promis comme l'*adpromissor* ce que doit le débiteur, par suite sa dette n'a pas été *deducta in judicio* avec celle du débiteur principal, et dès lors il n'a pu être libéré par la *litiscontestatio* opérée avec ce débiteur. C'est ce qu'exprimait Paul dans la loi 71, Dig., *de fidej.*, 46-1 : « Judicio convento principali debitore mandator non liberatur. » Le mandant ne serait même pas libéré par la condamnation du débiteur, ou par un jugement absolutoire intervenu en faveur de ce débiteur, il ne le sera que lorsque le payement aura été effectué (l. 52, § 3, Dig., 46-1). Il en est autrement après la constitution de Justinien, du jugement absolutoire rendu en faveur du débiteur principal ou du fidéjusseur; il libère l'autre obligé (l. 28, § 1, 3; — l. 42, § 1, 3, Dig., 12-2).

Le *mandator pecuniæ credendæ* ne pouvait pas aussi facilement que le fidéjusseur se servir des secours accordés par le préteur au débiteur principal, le motif en est donné par le jurisconsulte Papinien (l. 13, Dig., *de minorib.*, 4-4). C'est que tandis que le fidéjusseur n'a fait qu'accéder à l'obligation, s'y rattacher accessoirement, le *mandator pecuniæ credendæ*, au contraire, a été comme le promoteur du contrat, il a donné ordre au créancier de prêter, il doit donc être tenu plus rigoureusement que ne le serait l'*adpromissor* à l'occasion d'un prêt dont il est la cause. « Ilic enim velut adfirmator fuit, et suasor ut... contraheretur. » C'est par application de ce principe que celui qui a donné mandat de prêter à un mineur demeurera tenu, bien que le mineur ait obtenu la *restitutio in integrum.* Il ne pourrait se refuser à payer que s'il y avoit eu dol du mandataire à son égard.

Jusqu'à la rédaction des Novelles le *mandator pecuniæ credendæ* put être actionné par le créancier avant le débiteur, et contraint à payer sans que ce débiteur eût été discuté (l. 56, *pr.*, Dig., *mandati,* 17-1). Mais le bénéfice de discussion établi par la novelle IV s'applique aussi bien au *mandator pecuniæ credendæ* qu'au fidéjusseur.

S'il y avait plusieurs *mandatores pecuniæ credendæ*, chacun d'eux pouvait en principe être poursuivi pour le tout ; mais le bénéfice de division établi par Adrien leur était applicable tout comme aux fidéjusseurs (l. 7, Dig., *de fidej. tutorum*, 27-7, et l. 3, Cod., *de constit. pec.*, 4-18). Les termes mêmes de la loi 3, Cod., *de constit. pec.*, montrent que ce n'était pas par analogie qu'on leur avait étendu le bé-

néfice de division, mais qu'il leur avait été directement concédé par le rescrit d'Adrien en même temps
qu'aux fidéjusseurs.

Les *mandatores pecuniæ credendæ* avaient enfin
droit à la cession d'actions contre le débiteur, ils y
avaient droit dans toute la force du terme, cela
vient d'être dit, en ce qu'ils pouvaient à l'inverse de l'*adpromissor* se refuser au payement si le
créancier s'était mis par sa faute hors d'état de céder ces actions (l. 95, § 11, Dig., 46-3), et ils pouvaient obtenir cette cession, non-seulement comme
les *adpromissores*, à l'instant où ils payaient sans
poursuites, ou avant la *litiscontestatio* s'il y avait procès, mais même après avoir payé. Car si la *litiscontestatio* vis-à-vis du débiteur ne libérait pas le
mandant, il n'est pas moins vrai de dire que la
litiscontestatio avec le mandant ne libérait pas le débiteur; les actions contre lui pouvaient donc toujours
être cédées.

Outre les actions cédées par le créancier, le mandant a encore de son propre chef action contre le débiteur; il pourra agir contre lui par l'action de
mandat, s'il a en effet reçu de lui mandat de se porter vis-à-vis du créancier *mandator pecuniæ credendæ*.
Ce mandat peut être tacite : « Qui patitur ab alio
mandari ut sibi credatur, mandare intelligitur »
(l. 18, Dig., *mandati*, 17-1).

S'il a donné mandat à l'insu du débiteur, il aura
l'action *negotiorum gestorum*, s'il lui a été utile.

Le *mandator pecuniæ credendæ* peut aussi obtenir la
cession des actions du créancier contre les autres

mandants s'il en existe; et la litiscontestation n'é-
teint pàs plus ces actions que celles que le créancier
a contre le débiteur lui-même. C'est ce qu'exprime
le jurisconsulte Modestin dans la .loi 41, § 1, Dig.,
de fidej. et mand. (46-1) : « Idem respondit : Si in solidum condemnatus est unus ex mandateribus; cum
judicati conveniri cœperit, posse eum desiderare, ut
adversus eos qui idem mandaverunt, actiones sibi
mandentur. »

DROIT FRANÇAIS

DU CAUTIONNEMENT

I. ANCIEN DROIT

CHAPITRE Iᵉʳ

DU CAUTIONNEMENT DANS LA PÉRIODE FRANQUE ET LA PÉRIODE FÉODALE.

Droit de l'époque franque. — Les lois barbares rédigées depuis l'invasion nous montrent un emploi très-fréquent du contrat de fidéjussion, et on y voit apparaître plusieurs règles empruntées au droit romain. La fidéjussion *judicio sisti* est très-largement pratiquée, non-seulement en matière civile, mais aussi en matière criminelle, car la prison préventive est une chose à peu près inconnue chez les barbares. Toutefois, on y aura recours d'après la loi des Visigoths, si l'accusé ne trouve pas de fidéjusseur; « si forte talis sit de quo despecta sit placiti fides, neque fidejussorem pro se accipere potuerit, apud judicem, sub custodia maneat » (L. 2, t. 1, 11. Canciani, t. 4, p. 68). Presque toutes les condamnations sont

pécuniaires, et on en garantit l'exécution par fidéjusseurs (1).

Dans l'édit de Théodoric, tout pénétré de droit romain, et destiné, à l'inverse des autres lois de cette
époque, à régir à la fois Romains et barbares, on retrouve la règle du sénatus-consulte Velléien : « Mu-
lier etiam si per cautionem alienum debitum se red-
dituram spondeat, non tenetur. »

D'après la loi Lombarde (Lois de Luitprand, l. 5,
c. 9), le créancier n'est tenu de recevoir que le fidéjusseur dont la fortune est au moins égale à la dette
pour laquelle il est fourni. Le créancier ne peut non
plus être obligé à recevoir pour fidéjusseurs des in-
connus dont il ne peut apprécier la solvabilité, et qui,
par suite, ne présentent pas pour lui de garantie.

Si le débiteur laisse payer le fidéjusseur, il sera
ensuite tenu de lui rembourser au double ce qu'il
aura fourni.

D'après un capitulaire de Childéric III, la fidéjussion s'éteint par la poursuite que le créancier exerce
contre le débiteur principal. « Si quis contempto fidejussore, debitorem suum tenere maluerit, fidejussor
et heres ejus a fidejussionis vinculo liberantur (2). »

D'après la loi des Burgondes (tit. 82, *de fidej.*),
l'héritier du fidéjusseur n'est point tenu, et lui mort,
le débiteur est obligé d'en donner un autre de même
condition.

Les lois barbares désignent la fidéjussion par un
terme qui ne vient pas du droit romain, par le mot

(1) Baluze, t. II, col. 487, n° 32 in med.
(2) Baluze, t. I, col. 151, n° 17.

plegium, d'où dérivent en français les termes *pleige*,
pleigerie, employés longtemps dans notre droit pour
désigner la caution et le cautionnement, et qu'on retrouve avec cette signification dans Beaumanoir et
dans Pierre de Fontaines. Ces expressions se rencon-
trent souvent dans les lois des barbares qui envahi-
rent l'Angleterre. La fidéjussion ou pleigerie avait
pris chez ces peuples un très-grand développement;
elle y était à l'état d'institution permanente, et y
présente des caractères qu'on ne retrouve pas dans
les autres lois barbares, beaucoup plus imprégnées
de l'esprit du droit romain que ne le furent les an-
ciennes lois anglaises.

Tout homme libre doit fournir des fidéjusseurs qui
garantissent qu'il ne troublera point la paix publique,
qu'il se présentera devant les magistrats quand il y
sera appelé, et qu'il payera les sommes au montant
desquelles il pourra se trouver condamné.

La population était divisée en centaines, et ces
centaines se subdivisaient elles-mêmes en dizaines.
Les hommes qui formaient cette dernière agrégation
étaient mutuellement garants, pleiges les uns des
autres, vis-à-vis du pouvoir, pour le dommage que
l'un d'eux pourrait causer en quelque manière que ce
soit (1).

C'est à douze ans que commençait l'obligation d'a-
voir ainsi des garants de sa conduite, et deux fois
par an avait lieu le *visus franci pleigii*. On nommait
ainsi une tournée que faisait le vicomte pour s'assu-

(1) Bracton, l. III, Tract. de corona, cap. x, § 1.

rer que tous les habitants étaient unis par les rapports de garantie exigés par la loi (1).

Droit féodal. — La pleigerie, qui tenait une large place dans le droit civil de l'époque franque, entra aussi dans le droit féodal; elle fut mise au nombre des devoirs du vassal envers son suzerain. De même que le vassal doit assister le seigneur de ses conseils dans sa cour de justice, qu'il doit l'accompagner à la guerre et l'y défendre au péril de sa vie, de même il doit se porter son garant devant les tribunaux, et l'aider de sa fortune et de son crédit dans les affaires civiles. Toutefois, cette obligation du vassal n'était pas indéfinie. D'après les lois anglaises, le vassal qui s'est porté pleige pour son seigneur, et qui en a éprouvé du dommage, n'est point tenu de le garantir de nouveau pour affaire d'argent, jusqu'à ce qu'il ait été indemnisé.

Plus tard, on voit, sur le même sujet, l'article 205 de la coutume de Normandie poser en règle que « le vassal doit pleiger son seigneur pour délivrer ses nampts, jusqu'à la concurrence d'une année de la rente qu'il lui doit. »

Si le vassal, requis par le seigneur de se porter sa caution, s'y refuse, sans motifs valables, le seigneur peut reprendre le fief.

Le vassal a un recours contre le seigneur qu'il a garanti. Une constitution de Frédéric II (Constit. Reg. Sic., l. 3, t. 13) établit à ce propos les règles suivantes : Si le vassal s'est porté fidéjusseur en matière

(1) Bracton, l. III, Tract. 2, cap. XXXV.

criminelle pour son suzerain, et que celui-ci ne le dégage pas de son obligation, il perd son droit de suzeraineté. En matière civile, dans le même cas, le suzerain conserve son droit, mais il doit indemniser le vassal de tous les dommages que la fidéjussion lui a causés. « Ad omne damnum quod proinde vasallus incurrerit, dominus teneatur. » Et il peut y être forcé par la saisie de ses biens, meubles et immeubles, par la vente des meubles et des immeubles autres que les fiefs. Quant aux fiefs, le vassal ne peut que les détenir, pour ainsi dire, en antichrèse, et en appliquer le revenu au payement de sa créance.

Du reste, la pleigerie féodale comprenait des actes qui s'écartent sensiblement de la nature de la fidéjussion. Le vassal devait, en vertu de l'obligation de pleiger son seigneur, servir d'ôtage pour lui, le cas échéant. « Encore, dient les sages, dit Bouteiller dans sa Somme rurale, qu'il y a autre hommage appelé hommage de plejure. Car l'homme doit faire plejure pour son seigneur, pour l'honneur de lui : et l'avez pu voir par le roi de France qui fut prisonnier en Engleterre, comment il fut ordonné que plusieurs nobles barons qui étaient ses hommes s'en allassent en Engleterre tenir prison pour lui et faire plejure. »

Le devoir de se porter pleige était réciproque entre les divers membres de la société féodale, et de même que le vassal était tenu de cautionner le seigneur, de même le suzerain devait cautionner ses hommes, lorsque le cas le requérait.

D'après les *Constitutiones regni Siculi* (l. 3, t. 13, 17), le seigneur qui, en matière criminelle, et sauf le cas do lèse-majesté, refuse de cautionner son vassal, perd le droit qu'il avait sur lui, et celui-ci devient vassal immédiat du suzerain de son seigneur. Si le seigneur qui a cautionné son vassal en matière criminelle n'est pas déchargé par lui, celui-ci perd son fief. Si c'est en matière civile, *in quæstione civile, seu pro debito,* le vassal doit indemniser le seigneur qui peut le poursuivre pour tout le dommage qu'il en a éprouvé.

Dans la première moitié du seizième siècle, le contrat de cautionnement fut attaqué au point de vue moral, par un théologien du nom de Conrad Pellicanus. Il avança que ce contrat était non-seulement fort dangereux au point de vue pécuniaire, ce que personne ne conteste, mais encore qu'il était en opposition avec la raison, avec la conscience et avec Dieu même. Le souvenir de ce paradoxe ne s'est conservé que grâce à l'immortalité que lui a donnée Dumoulin en prenant la peine de le réfuter dans un de ses ouvrages (1).

CHAPITRE II

DU CAUTIONNEMENT EN DROIT COUTUMIER.

Le contrat par lequel une personne s'engage à acquitter une dette qui repose sur la tête d'une autre se nomme indifféremment dans notre ancien droit fidéjussion comme dans le dernier état du droit romain, pleigerie comme dans les lois barbares, ou enfin

(1) Molinæi opera, t. II. Tract. contract. et usurar., quæst. 32.

cautionnement. Cette expression dérive du mot :
cautio (*a cavendo*) qui s'employait à Rome dans un
sens particulier, tantôt pour désigner l'écrit destiné
à prouver l'existence d'une obligation, tantôt pour
indiquer l'acte même de s'obliger. Il se prenait encore avec une signification générale, pour désigner
toute sûreté, et c'est en ce sens qu'il est dit dans la
loi 25, *de regulis juris*, Dig. : « Plus est cautionis in re
quam in persona. » Le terme : caution, n'eut pas non
plus, dès l'abord, dans l'ancien droit le sens spécial
qu'il prit plus tard. C'est ainsi que dans le grand
Coutumier de France (liv. II, ch. ix. — De Caution),
le terme caution s'applique au gage, à la fidéjussion
et au serment du débiteur. La fidéjussion se nommait
spécialement caution bourgeoise (1) « pour la faveur des bourgeois du roy, aussi qu'iceux étaient
solvables et de facile convention, ce qu'on ne pouvait dire si certainement des gentilshommes, ni de
ceux qui étaient de condition servile. »

Le cautionnement ne fut pas dans l'ancien droit,
comme l'*adpromissio* l'avait été en droit romain, assujetti à des formes solennelles. Il put se contracter
de toute manière et par la seule manifestation du
consentement de la caution et du créancier.

*Qui peut cautionner dans l'ancien droit, et quelles
qualités doit avoir la caution.* — Pour pouvoir se
porter caution, il faut avoir la capacité générale de
contracter. Ainsi, le fou, l'interdit, le religieux, qui
n'a pas la vie civile, ne peuvent cautionner (2). Il en

(1) Mollère, Critique de l'Ecole des Femmes, scène VI.
(2) Despeisses, t. I, p. 590, nº 1.

était de même, en principe, du mineur, même émancipé. Certains arrêts rapportés par Louet et Brodeau,
l'autorisaient toutefois, quel que fût son âge, à
fournir un cautionnement pour tirer son père de prison, lorsque celui-ci n'avait aucun autre moyen de
recouvrer sa liberté. Pothier suivait le même système (1). Basnage admettait la même exception,
mais en la restreignant, car il exigeait que le mineur,
pour se porter caution en ce cas, fût âgé de dix-
huit ans (2).

Relativement à la capacité de cautionner de la
femme, il y a dans l'ancien droit plusieurs époques
à considérer. Dans l'origine, on admettait généralement le sénatus-consulte Velléien. Toutefois Beaumanoir (coutume de Beauvoisis, ch. 43) veut que la
femme ne soit incapable de cautionner que si elle est
mariée, et que la nullité n'existe qu'à l'égard du mari.
D'ordinaire, dans les pays où on admettait le Velléien,
la femme avait la faculté d'y renoncer, et alors elle
pouvait fournir un cautionnement valable. Il était
même considéré en certaines provinces, comme valable indépendamment de toute renonciation si la
femme le donnait pour ses proches parents (3). La
renonciation étant devenue une clause de style, et la
règle du Velléien n'ayant plus rien de pratique, dans
la plupart des pays coutumiers, elle fut abrogée par
un édit de 1606. L'édit fut enregistré par le parle-

---

(1) Pothier, Tr. des Oblig., n° 389.
(2) Basnage, Tr. des Hypothèques, part. II, ch. II. Dans le
même sens: Despeisses, Tr. des Cautions, sect. 1, n° 6.
(3) Coquille, Inst. au dr. fr., t. des Contrats.

ment de Paris, mais non par tous les parlements. Il
ne fut pas admis en Normandie, par exemple; là, le
système du Velléien s'était conservé dans toute sa
rigueur primitive, la femme n'avait pas la faculté d'y
renoncer, de sorte que le cautionnement lui fut absolument interdit, jusqu'à l'apparition du Code civil.

Le système du sénatus-consulte Velléien continua
à être suivi aussi en Provence, mais il y était moins
rigoureusement appliqué qu'en Normandie, et un
arrêt du parlement d'Aix du 19 mars 1642 (1) avait
autorisé exceptionnellement la femme à se porter
caution pour tirer son mari de prison.

Dans le ressort du parlement de Toulouse, la
femme, même après l'édit de 1606, demeura sous
la protection du sénatus-consulte, mais il lui était
permis d'y renoncer (2).

La diversité qui régnait dans la jurisprudence des
différentes provinces à propos du cautionnement de
la femme, avait soulevé, sur ce point, la question
autrefois si fréquente des statuts. On décidait que la
faculté, ou la prohibition, pour la femme, de cautionner était de statut personnel, et qu'il fallait, par
suite, pour savoir si elle était, ou non, capable, s'en
rapporter à la loi de son domicile.

Enfin, on considérait le procureur et l'avocat comm
incapables de se porter caution du plaideur. Cette
règle était établie, pour les procureurs, par un arrêt
du parlement d'Aix, rapporté par Boniface (t. 1, l. 1,

---

(1) Boniface, t. II, l. IV, t. XX, ch. vii.
(2) Despeisses, t. I, p. 601.

t. 19, n° 2), et pour les avocats, par un arrêt du parlement de Tournay du 15 octobre 1698.

La solvabilité d'une caution ne s'appréciait qu'en égard à ses immeubles. C'était déjà la solution présentée par Bartole, sur la loi *sciendum*, Dig., *qui satisd. cogantur*, n° 13. Brillon s'appuyait sur le même texte, pour donner la même solution dans son Dictionnaire des arrêts. Toutefois la règle cessait de s'appliquer en matière commerciale, c'était alors le crédit seul du fidéjusseur, quelle qu'en fût la base, qu'on avait à prendre en considération. On n'avait point égard aux biens litigieux ou situés dans un pays éloigné. Enfin, il fallait que la caution eût son domicile dans l'étendue du bailliage où elle devait être fournie. Toutefois cette règle n'était observée rigoureusement que pour les cautions conventionnelles. Quant aux cautions légales ou judiciaires, on admettait le débiteur à présenter des personnes de son pays (1).

Quelle dette on peut cautionner, et étendue du cautionnement. — Le cautionnement s'applique à toute obligation valable, future ou déjà existante, à la dette même d'un fidéjusseur, et la seconde caution se nomme indifféremment : attestant, contre-pleige, certificateur. Mais, comme à Rome, car c'est là une règle de bon sens, on ne peut cautionner que la dette dont on n'est pas déjà tenu comme débiteur. A l'imitation du droit romain encore, Despeisses, et après lui, Domat (2), admettaient que le mari pendant le mariage ne pouvait cautionner la restitution de la dot; mais cette

(1) Pothier, Tr. des Obligations, n° 390.
(2) L. civ., liv. III, t. 4, sect. 1, n° 9.

prohibition ne passa pas dans la pratique, et Pothier (1) déclare qu'elle n'était point observée. Dans les pays où était admis le sénatus-consulte Velléien, on ne pouvait non plus qu'à Rome cautionner l'*intercessio* fournie par une femme ; elle était absolument nulle. Pothier (2) trouvant quelque analogie entre cette situation et celle de la femme mariée, qui s'est obligée sans autorisation maritale, décidait qu'un cautionnement ne pouvait pas intervenir pour cette dernière obligation. « L'obligation d'une femme sous puissance de mari, qui contracte sans être autorisée, est absolument nulle, dit-il, il n'y a aucune obligation à laquelle la caution ait pu accéder. » L'opinion de Pothier sur ce point était combattue par Domat (3) et par Basnage, qui distinguaient et avec raison, ce semble, l'obligation nulle *ratione rei*, et l'obligation nulle *ratione personæ;* ils permettaient le cautionnement de cette dernière classe de contrats, et c'est là qu'ils plaçaient l'obligation de la femme mariée non autorisée.

Par rapport au cautionnement fourni pour l'obligation d'un mineur, on admit toujours dans l'ancien droit, qu'il était pleinement valable, et que si le mineur obtenait une *restitutio in integrum*, la caution n'en profiterait pas (4).

Quant à l'interdit pour cause de prodigalité, l'opi-

---

(1) Tr. des Oblig., n° 397.
(2) *Ibid.*, n° 395.
(3) L. civ., Tr. des Cautions, sect. I, n° 4.
(4) Conseil de Pierre de Fontaines, ch. xiv, n°⁵ 13 et 14. — Pothier, Tr. des Oblig., n° 381.

nion générale, c'est que son obligation peut être valablement cautionnée comme celle du mineur (1).

De même on pouvait valablement cautionner l'engagement d'une personne en état de démence, pourvu qu'il eût été contracté dans un intervalle lucide.

En ce qui concerne l'étendue du cautionnement, on admit, comme en droit romain, que la caution pouvait s'obliger à moins que le débiteur principal, mais qu'elle ne pouvait pas s'obliger à plus; du reste elle pouvait, dans la mesure de l'obligation principale, être tenue *arctiori vinculo, quam reus principalis.* Si le fidéjusseur s'était obligé à plus que le débiteur principal, on décidait que l'engagement n'était pas nul pour le tout, mais réductible. L'article 118 de la coutume de Bretagne contenait une disposition formelle en ce sens, et c'était le droit commun (2).

Le cautionnement ne se présumait pas, il devait être exprès. On ne pouvait l'étendre au delà des termes de l'acte. Il ne pouvait en aucun cas s'appliquer aux peines encourues par le principal obligé, bien qu'il en eût peut-être été différemment à l'origine (3).

Effets du cautionnement entre le créancier et la caution. — Le bénéfice de discussion fut de bonne heure admis dans le droit français qui l'emprunta à la législation romaine (4). Toutefois, il ne tarda pas à être

(1) Domat, L. civ., Tr. des Cautions, sect. 1, n° 10. — Pothier, Tr. des Oblig., n° 50.

(2) Pothier, Tr. des Oblig., n° 375.

(3) Papon, X, 1, 12. — Arrêt du Parlement de Dijon du 10 juillet 1617, rapporté par Bouvot, t. II, v° fidej., quest. 5. — Despeisses, t. I, p. 608. — Art. 186, Coutume de Bretagne.

(4) Etablissements de Saint-Louis, l. I, ch. cxviii. — Coquille, Coutume de Nivernais, ch. xxxii, art. 10. — T. II, p. 313.

vu avec défaveur, on tendit à le restreindre en impo-
sant à la caution des conditions que le droit romain
n'avait pas connues, telle fut la nécessité d'indiquer les biens à discuter, d'avancer les frais de la
discussion. Non-seulement on permit de renoncer au
bénéfice, mais la fréquence des renonciations finit par
en faire des clauses de style. Le bénéfice fut même
aboli en Bourgogne, lors de la réformation de la coutume de ce pays. Il ne fut jamais reçu dans la coutume de Luxembourg et dans quelques autres. Enfin,
il n'avait pas lieu en matière commerciale.

Il y avait une controverse animée sur le point de
savoir si la discussion constituait une exception péremptoire, opposable en tout état de cause, ou simplement une exception dilatoire, qui ne pouvait plus
être invoquée après les défenses au fond (1).

Le fidéjusseur, avons-nou dit, doit indiquer les
biens à discuter, et l'indication doit se faire en une
fois (2). En général, la caution pouvait indiquer, aussi
bien des meubles que des immeubles du débiteur (Bourjon, Droit commun de la France, l. 6, t. 1, ch. 5, n° 3),
sauf ceux que leur éloignement rendait difficiles à
atteindre. Les auteurs ne semblent pas s'être accor-

(1) Pour le premier avis : Serres, l. III, t. 21, § 4. — D'Olive,
l. IV, ch. xxii, rapporte en ce sens un arrêt du parlement de Toulouse, du 3 juillet 1636. — Balde, l. ult. Cod., s¹ cert. petatur. —
Paul de Castro, sur la loi Pœnæ, § ult. de condict. indebiti. —
Zangerus, de Except., part. II, ch. xvi, n° 5. — Ferrière, sur Guy
Pape, § 94. Pour la seconde solution : Papon, l. X, t. 4, n° 21.
« Exceptions et ordre de droit esquelles n'a été expressément renoncé se doivent opposer avant que de contester, autrement, ne
sont recevables. » — Pothier, Tr. des Oblig., n° 410.
(2) Arrêtés de Lamoignon, t. des discussions, art. 9.

dés pour fixer à partir de quel degré d'éloignement les biens du débiteur cesseraient ainsi de pouvoir être indiqués à la discussion du créancier. Suivant les arrêtés de Lamoignon (t. des discussions, art. 9), la caution ne pouvait indiquer les biens situés dans le ressort d'un autre parlement. D'après Bourjon, au contraire (l. 6, t. 1, ch. 5, sect. 1, n° 2), ce ne sont que les biens situés hors du royaume qui ne peuvent être indiqués, et encore veut-il qu'on excepte « le cas où le contrat aurait été passé avec un étranger qui aurait hypothéqué spécialement certains héritages situés hors le royaume. »

On ne pouvait non plus faire porter l'indication sur des biens litigieux du débiteur.

Le fidéjusseur qui invoquait la discussion, en devait avancer les frais, mais il semble que la caution n'était tenue d'avancer que les frais relatifs à la discussion des immeubles, et non à celle des meubles.

Le créancier à qui on avait opposé la discussion, n'était pas en général considéré comme responsable de l'insolvabilité du débiteur survenue par suite de sa négligence à intenter les poursuites (1). Par exception la coutume de Bretagne (Anc. coutume, art. 209. Nouvelle, art. 192) donnait une solution contraire, c'est celle que le Code civil a consacrée.

Le fidéjusseur cessait d'avoir la discussion, et il devait même être attaqué de préférence au débiteur, s'il avait reçu de lui provision (2).

(1) Maynard, l. VIII, ch. xxxi.
(2) Boerii Décis. 255, n° 5.

La discussion était refusée aux cautions solidaires, aux cautions données en matière de commerce, qu'elles fussent ou non solidaires, et aux cautions judiciaires (1). Quant à savoir si le certificateur de ces dernières en serait aussi privé, il y avait diversité d'opinions. Bourjon (l. 6, t. 1, ch. 5, n° 9) tenait l'affirmative, mais Lapeyrère (lettre D, n° 38) était de sentiment contraire.

Les cautions pour les fermes du roi n'avaient pas la discussion, parce qu'on les supposait associées du fermier (2).

Les docteurs de l'ancien droit, s'il faut en croire Voët, refusaient encore en bien d'autres cas au fidéjusseur le bénéfice de discussion. Cela avait lieu : « Si quis jurato intercesserit, vel pro Ecclesia, vel principe, vel fisco, vel actione reali. Si principalis litigiosus, rixosus, cavillosus sit, vel potens, vel clericus, vel scholaris, vel alias conventu difficilior. »

II.— Le bénéfice de division paraît avoir été mieux reçu dans l'ancienne jurisprudence que ne le fut celui de discussion ; il est mentionné dans la Somme rurale de Bouteiller, au titre 101, tel qu'il était admis en droit romain, et c'est ainsi qu'il était pratiqué. Toutefois, il faut indiquer ici l'opinion de Bourjon (l. 6, t. 1, ch. 5, sect. 1, n°s 4 et 5), qui voulait, comme du reste le tribunat l'a demandé lors de la rédaction du Code, que la division eût lieu de plein

_____

(1) Bourjon, l. VI, t. I, ch. v, n° 8.—Rousseau, v° Caution, sect. 2, n° 1. — Serres, p. 83. — Louet, lettre F, 23.

(2) Pothier, Tr. des Oblig., n° 108.

droit et que le créancier ne pût demander à chaque caution que sa part, plus la portion des insolvables, le cas échéant.

En pratique, la division était opposée sous forme d'exception par le fidéjusseur à qui le créancier pouvait demander le tout. Quant à savoir si elle devait être opposée *in limine litis*, ou si elle pouvait l'être en tout état de cause, il y avait controverse.

Certains auteurs voulaient qu'on ne pût l'opposer qu'avant les défenses au fond (1). Suivant d'autres, le bénéfice de division pouvait être reçu après la condamnation quoique non opposé auparavant (2).

Enfin, un autre système admettait la caution à opposer la division jusqu'au jugement définitif irrévocable (3). Les partisans de ce système se fondaient sur la loi 10, § 1, Cod. (8-41), et croyaient leur solution conforme à celle du droit romain. Il a été dit dans la première partie par suite de quelle erreur de mots ils avaient été conduits à une interprétation inexacte de cette loi.

Il était permis de renoncer au bénéfice de division.

Il était refusé à la caution qui s'était obligée solidairement avec le débiteur (4).

On le refusait aussi aux cautions judiciaires (5), aux cautions pour deniers royaux (6), à la caution qui

(1) Bouteiller, Somme rurale, t. 101.
(2) Papon, l. XI, t. IV, n° 22. Il y avait en ce sens un arrêt du parlement de Bordeaux du mois de juillet 1549.
(3) Pothier, Tr. des Oblig., n° 425.
(4) Coutume de Nivernais, ch. xxxii, art. 10.
(5) C'était le sentiment de Basnage, de Rousseaud et de Serres.
(6) Lebret, Plaidoyer 12, *in fine*.

avait, de mauvaise foi, nié son engagement (1).
Enfin on ne pouvait l'opposer à l'encontre du fidéjusseur qui était à l'étranger, car la poursuite en
eût été trop préjudiciable au créancier (2).

III. — La caution avait un troisième bénéfice admis
encore à l'imitation du droit romain, c'était le bénéfice de cession d'actions. Elle pouvait, avant d'avoir
payé le créancier, exiger que celui-ci lui transmît les
actions qu'il avait à raison de la dette qu'elle acquittait (3).

Dumoulin, dans les leçons qu'il fit à Dôle (*Prima
lectio Dolana*, n° 23), mit en avant le système de la
cessi. tacit., et il admit que la caution serait de
plein droit, .nise au lieu et place du créancier qu'elle
aurait désintéressé. Ce système simplifiait les rapports de la caution et du créancier, et il était par
conséquent préférable à celui qui était suivi dans la
pratique de l'époque. Malheureusement, Dumoulin
s'efforça de prouver que son système était en réalité
celui du droit romain, car à cette époque, on n'eût
pas présenté des solutions juridiques en contradiction avec le *Corpus juris*, pas plus qu'on n'eût fait
de la philosophie en dehors d'Aristote. Or, il n'est
point douteux que cette tentative de preuve ne pouvait qu'échouer, et elle entraîna avec elle le système
tout entier présenté par Dumoulin. La nécessité d'une
cession expresse des actions lors du payement con-

(1) Pothier, Tr. des Oblig., n° 416.
(2) Papon, X, 4, 15.
(3) Bouteiller, Somme rurale, t. 101.

tinua donc d'exister (1); ou tout au moins la nécessité d'une réquisition de cession de la part du fidéjusseur, car pourvu que cette réquisition eût eu lieu, on finit par considérer la caution comme subrogée(2). Et toutefois, la solution de Dumoulin ne fut pas complétement abandonnée; on la trouve reproduite dans un arrêt du parlement de Toulouse du mois de mars 1583, rapporté par Maynard (l. 2, ch. 49). Un auteur qui écrivait dans le ressort du même parlement, Catellan (l. 5, ch. 31) admet la subrogation tacite entre deux créanciers hypothécaires du même débiteur, lorsque le moins bien placé paye celui qui lui est préférable, mais il repousse cette subrogation dans tous les autres cas. On trouve le tableau des doutes et des hésitations que faisait naître cette matière, dans l'ouvrage de Bourjon (l. 6, t. 1, ch. 5, n° 10). Voici comment il s'exprime à ce sujet : « La caution qui a payé, a-t-elle de plein droit la subrogation à l'hypothèque et au privilége du créancier qu'elle a payé? Comme le titre même du créancier est le sien, il est juste et conséquent aux principes, de lui accorder cette subrogation, quoique quelques subtilités semblent la lui dénier; mais pour éviter toute contestation, il est prudent de sa part, en payant le créancier, d'obtenir de lui ou de la justice, la subrogation en ses droits, mais il est d'équité de regarder qu'en ce cas, la subrogation est légalement acquise. »

(1) Cambolas, l. III, ch. xvi.
(2) Pothier, Tr. des Oblig., n° 558.

Effets du cautionnement entre la caution et le débiteur. — La caution qui a payé peut en principe recourir contre le débiteur. Pour que le recours ait lieu, dit Pothier (Oblig., n° 432), trois conditions doivent être réunies. Il faut : 1° Que la caution n'ait pas négligé quelque fin de non-recevoir, dont elle et le débiteur pouvaient se prévaloir. 2° Que le payement fait par la caution ait été valable, et qu'il ait libéré le débiteur principal. 3° Que le débiteur principal n'ait pas payé une seconde fois par la faute de la caution. Ainsi la caution qui paye sans être poursuivie et sans avertir le débiteur principal, n'a pas de recours si celui-ci paye une seconde fois (1).

Plusieurs monuments du très-ancien droit, nous montrent la caution qui a nié sa qualité destituée de tout recours contre le débiteur (2).

Despeisses (t. 1, p. 630) refusait aussi tout recours d'une manière absolue, à celui qui s'était porté caution, contre la volonté expresse du débiteur.

Quant à l'étendue du recours, le fidéjusseur a droit au remboursement de ses avances, et s'il y a mandat, aux intérêts à compter du jour de l'avance. S'il n'y a pas mandat, ces intérêts ne couraient, suivant Pothier (Oblig., n° 440), que du jour de la demande formée par la caution contre le débiteur principal. A l'inverse, Rousseaud de la Combe (V° Caution, sect. 6, n° 9), d'Olive (l. 4, ch. 32, *in fine*) et Catellan (l. 6, ch. 8) décidaient pour ce cas, comme pour

(1) Domat, L. civ., l. III, t. 4, sect. 3, § 7.
(2) Assises de Jérusalem, ch. cxx. — Beaumanoir, Coutume de Beauvoisis, ch. xliii.

celui où il y a mandat, que les intérêts étaient dûs à compter du jour de l'avance constatée. La caution avait encore droit, le cas échéant, à des dommages-intérêts.

Outre le recours dont il vient d'être question, la caution pouvait en certains cas, à l'imitation de ce qui avait lieu en droit romain, recourir contre le débiteur avant même d'avoir payé. A l'origine, dans l'ancien droit, comme dans le droit canon, ces cas étaient au nombre de trois; le recours était ouvert à la caution : 1° Si elle avait été condamnée envers le créancier; 2° si elle était demeurée longtemps dans les liens de l'obligation; 3° si le débiteur dissipait ses biens (1). Pothier (Oblig., n° 441) empruntait encore à la loi romaine le cas où le débiteur s'est engagé à rapporter au fidéjusseur la décharge de son cautionnement dans un certain délai. Et pour le cas où la caution recourt, parce qu'elle a été attaquée par le créancier, il n'exigeait pas qu'elle fût condamnée comme le voulait le droit romain et les auteurs précédents; il suffisait, selon lui, qu'elle fût poursuivie. Domat était plus favorable encore à la caution, et lui accordait le recours, lors même qu'elle n'était ni condamnée, ni poursuivie, par cela seul que le principal obligé se trouvait en demeure (2).

Outre ces quatre cas, Henrys (Traité des Cautions, n° 391) admettait encore, comme autorisant le recours avant le payement, le cas d'inimitié capitale

(1) Charondas, sur le t. 101 de la Somme rurale de Bouteiller. — Guy Pape, Décis. 117, p. 132.

(2) Domat. L. civ., l. III, t. 4, sect. 3, n° 8.

survenue entre la caution et le débiteur. Despeisses
(t. 1, p. 622) ajoutait que la caution pouvait se faire
libérer avant payement, quand elle était sur le point
d'entreprendre un long voyage. Enfin, Heringius
(C. 25, n°s 15 et suiv.) avait compté jusqu'à dix-
sept cas, où la caution pouvait poursuivre le débiteur avant payement, pour en obtenir sa libération.

C'était autrefois une question grave et discutée,
que celle de savoir si la caution d'une rente constituée pouvait, après un certain temps, obliger le débiteur au rachat. Deux cas pouvaient se présenter :

1° Lors du cautionnement, le débiteur s'est obligé
envers la caution, à la libérer près un certain temps.
En ce cas, on autorisait la caution à exiger le rachat
à l'époque convenue, bien qu'il pût y avoir là un
moyen détourné de contrevenir à la règle que le capital d'une rente n'était jamais exigible (1).

2° Il n'y a eu aucune convention entre la caution
et le débiteur. En ce cas, Dumoulin n'admettait pas
que la caution pût forcer le débiteur au remboursement de la rente. Toutefois la pratique était généralement contraire, et on décidait que la caution dans
ce cas pouvait, après dix ans, obliger le débiteur au
rachat (2).

Effets du cautionnement entre les cautions. — La
caution qui paye peut exiger que le créancier lui
cède ses actions contre les autres cautions, tout comme

(1) Dumoulin, Tr. de usuris, quæst. 30. — Brodeau, lettre F,
n° 27.
(2) Basnage, part. II, ch. v.

le débiteur, et en ce cas, elle agit en son lieu et place. Mais pourra-t-elle recourir contre ses cofidéjusseurs, par une action à elle propre, si elle ne s'est pas fait céder les droits du créancier? La question fut discutée, à l'origine. Despeisses (t. 1, p. 628) n'admettait aucun recours si la cession n'était pas intervenue; Lebrun était de même avis (Procès civil, p. 239). Leur opinion, empruntée au droit romain, s'appuyait sur cette considération que la caution en payant, n'a pas fait l'affaire de ses cofidéjusseurs, mais la sienne propre. Le système contraire finit toutefois par prévaloir; il avait été mis en avant par d'Argentré (1) sur l'article 213 de l'ancienne coutume de Bretagne, et l'article 194 de la nouvelle coutume en eut une disposition formelle. Ce fut là une sorte d'action *negotiorum gestorum* utile, fondée sur la considération, que tout en se libérant, et en faisant sa propre affaire, la caution avait aussi libéré ses cofidéjusseurs, d'une dette qui leur était commune (2).

Extinction du cautionnement. — A l'origine de notre ancien droit, il était admis que le cautionnement, la pleigerie s'éteignait par la mort de la caution, et ne passait pas aux héritiers. Cette solution est établie par les témoignages des plus anciens monuments ju-

____

(1) Commentaires sur la coutume de Bretagne, p. 567. « Quæritur sæpe, cùm unus de fidejussoribus solvit, an possit partem repetere ab alio... Probo glossæ sententiam, semper, etiam non cessione facta, dari utilem negotiorum gestorum... Quare sæpe, nulla ratione tam sophistici juris habita, dedimus actiones a cofidejussoribus partem utilem petentibus ex æquó et bono, vitato circuitu inutili et nimium formulario. »

(2) En sens contraire : Bourjon, l. VI, t. 1, ch. v, n°s 19 et 20.

ridiques (1). Mais sur ce point, comme sur la plüpart des autres, le droit romain finit par triompher, et là, où Bouteiller disait : « Le pleige mort, la pleigerie meurt, » nous voyons son annotateur Charondas le contredire formellement, et déclarer que les héritiers du fidéjusseur sont tenus, chacun pour sa part et portion.

L'obligation de la caution s'éteignait par tous les modes qui éteignent les obligations en général. De plus, on admettait qu'elle prit fin par certains modes spéciaux, et dérivant du caractère particulier du contrat. Ainsi le cautionnement s'éteignait quand, par son fait, le créancier s'était mis hors d'état de céder des actions auxquelles la caution avait le droit de se faire subroger (2).

On discutait la question de savoir, si, quand une prorogation de terme était accordée au débiteur, la caution se trouvait ou non libérée. Voët, Vinnius et Pothier, tenaient la négative. L'affirmative était au contraire admise par les usages de Brabant et la coutume de Bruxelles. Enfin, certains interprètes faisaient une distinction; ils ne considéraient la caution comme libérée que lorsque la prorogation du terme était fort longue, et que dans l'intervalle le débiteur était devenu insolvable.

C'était encore un point controversé que celui de savoir, si lorsque le créancier a reçu du débiteur un

(1) Assises de Jérusalem, ch. cxxxii, cxxxiv. — Beaumanoir, Coutume de Beauvoisis, ch. xliii. — Pierre de Fontaines, ch. ix, n° 5. — Ancienne coutume de Normandie, ch. lx.

(2) Pothier, Tr. des Oblig., n° 406.

immeuble en *datio in solutum*, la caution est et demeure libérée, encore que le créancier soit par la suite évincé de la chose donnée en payement. Renusson (Tr. de la Subrog., ch. 5, n° 40) et plusieurs autres jurisconsultes étaient d'avis, qu'en cas d'éviction la caution demeurât tenue, sur le motif que la dette principale n'a pas été éteinte par une semblable *datio in solutum*, et que si elle subsiste, le cautionnement doit subsister aussi. La solution contraire était soutenue par Pothier (Oblig., n° 400) et par Basnage (Tr. des Hypothèques, IIe part., ch. 7) sur ce fondement, que la caution qui a dû se croire libérée, ne pourrait, sans trop grand dommage pour ses intérêts, être maintenue dans les liens de l'obligation.

Outre les causes qui éteignent directement le cautionnement, il disparaît encore par le seul fait de l'extinction de la dette principale, à l'existence de laquelle sa propre existence se trouve liée. La consignation par le débiteur équivalant à payement, elle devait libérer la caution ; mais que décider, lorsque cette consignation, après avoir été effectuée, était ensuite retirée par le débiteur ? C'était un point controversé ; les uns, comme dans la question précédente, avec laquelle celle-ci a une certaine analogie, voulaient que la caution fût définitivement libérée par le fait d'une consignation valable, lors même que la dette viendrait ensuite à renaître par le retrait de la somme déposée. D'autres plus rigoureux, mais plus logiques, maintenaient en ce cas la caution dans les liens de l'obligation puisque le débiteur n'était point libéré. Quant à Pothier (Oblig., n° 580), il distinguait. Le retrait de la consignation avait-il lieu après qu'elle avait été ordonnée ou reconnue bonne et valable par le juge, la caution était et demeurait libérée. Le retrait avait-il eu lieu avant que le juge statuât, la consignation ainsi retirée était sans effets par rapport au fidéjusseur, et il demeurait tenu.

La chose jugée en faveur de la caution doit-elle profiter au débiteur principal? C'était encore un point discuté dans l'ancien droit. La négative était professée par Bartole et par Favre, dans ses Rationalia sur la loi 28, § 1, Dig., *de jurejur.* « Plus dicit Bartolus, nec male, meo judicio, etiam si sententia absolutoria pro fidejussore lata sit super re ipsa, quasi non fuerit contractum, non tamen prodesse reo eam debere. »

II. CODE NAPOLÉON

CHAPITRE Ier

NOTION DU CAUTIONNEMENT.

Le cautionnement est un contrat par lequel un tiers se soumet envers le créancier à satisfaire à une obligation si le débiteur n'y satisfait pas lui-même (art. 2011).

La caution est la personne qui prend cet engagement.

On rencontre encore le mot caution employé dans le sens de sûreté, qu'il avait en droit romain; c'est ainsi que le serment est qualifié de caution juratoire dans l'article 603, Code civil. On désigne parfois aussi le gage et l'hypothèque par l'expression de caution réelle. Enfin, le mot cautionnement s'emploie dans le langage administratif pour désigner les sommes qu'un fonctionnaire remet aux mains de l'Etat comme sûreté de sa gestion et qui forment un véritable gage. Il ne sera question ici que du contrat de cautionnement réglementé par le Code civil. C'est un contrat accessoire et consensuel, qui est de sa nature unilatéral et à titre gratuit; il est inutile d'ajouter avec l'article 1107, que c'est un contrat nommé : 1° C'est un contrat accessoire, et il ne peut exister qu'autant qu'il s'appuie sur une obligation (art. 2012, 1°), qu'il a pour but de garantir. Mais il peut intervenir pour toute espèce d'obligations valables (art. 2012, 1°), et rien ne s'oppose à ce que la même dette serve de base à plusieurs cautionnements. 2° Comme pour tout contrat, le consentement des parties est nécessaire à la formation du cautionnement. Ces parties sont le créancier et la caution. Le consentement du débiteur n'est pas nécessaire; le cautionnement peut même intervenir malgré sa défense, il est pour lui, *res inter alios acta*. La caution s'engage personnellement. Un gage ou une hypothèque consentis par un tiers au profit du créancier, ne constitueraient point un cautionnement. Cette conclusion ressort surabondamment de l'article 2011. Le cautionnement n'est assujetti à aucune forme solennelle, mais il doit être exprès et ne se présume pas aux termes de l'article 2015. Il est du reste soumis aux règles générales en matière de preuves.

3° Le cautionnement est unilatéral. La seule personne obligée, en vertu du contrat, c'est la caution. Il est vrai que le créancier doit conserver à celle-ci les actions qu'il a contre le débiteur principal (art. 2037); mais c'est là pour lui une obligation qui dérive de la loi, et non du contrat, car elle existe, bien qu'il n'en ait été fait aucune mention dans l'acte. Si le cautionnement n'a été consenti que sous certaines conditions imposées au créancier, il cessera d'être unilatéral pour devenir synallagmatique; mais dans ce cas, il y aurait lieu d'examiner si ces conditions ne modifient pas la convention de manière à la transformer en un contrat d'assurance, auquel cas elle devrait être régie par les règles propres à ces sortes de contrats.

4° Il est de la nature du contrat de cautionnement d'être à titre gratuit; c'est un contrat de bienfaisance vis-à-vis du débiteur, mais ce n'est pas par là même une donation. Le caractère de donation n'apparaîtra que si la caution renonce au recours que la loi lui donne contre le débiteur principal. Si un successible a été cautionné par celui dont il accepte la succession, devra-t-il, quant à ce cautionnement, être soumis au rapport? Le cautionnement constitue pour le successible un avantage indirect; il semble donc que le rapport en est dû. L'héritier l'effectuera soit en éteignant la dette par le payement fait au créancier, soit en obtenant de lui remise du cautionnement, à charge de fournir une autre caution, ou telle autre sûreté qu'il plaira aux parties.

De ce qu'il est de la nature et non de l'essence du cautionnement d'être gratuit, il résulte qu'un salaire pourrait valablement être stipulé ; et cela a lieu souvent en matière commerciale. Le contrat ne conservera le caractère de cautionnement que si le prix ou salaire est promis à la caution par le débiteur. Que si le prix était promis à la caution par le créancier, l'acte ne serait pas nul ; seulement, il constituerait non pas un cautionnement, mais un véritable contrat d'assurance. Quand le cautionnement devient un contrat à titre onéreux, il prend en même temps le caractère du contrat aléatoire. L'*alea* consiste ici dans l'incertitude de la solvabilité du débiteur à l'échéance de la dette. Il cesse alors d'être sujet à rapport, si le débiteur succède à la caution.

Le cautionnement peut précéder ou suivre l'obligation principale. S'il la précède, il n'existe que sous la condition suspensive que cette obligation principale naîtra, et l'événement de la condition n'aura pas ici, contrairement aux règles générales, un effet rétroactif, autrement le cautionnement se trouverait avoir existé avant l'obligation principale d'où il tire sa vie, l'accessoire avant le principal. C'est ce qu'il ne semble pas possible d'admettre.

Il n'est pas non plus exact de dire que l'obligation résultant du cautionnement ait toujours un caractère conditionnel, et que la caution ne soit obligée que si le débiteur principal est insolvable. Cela ne serait vrai que du *fidejussor indemnitatis*. Quant à la cau-

tion ordinaire, elle est tenue purement et simplement, et le créancier peut s'attaquer directement et
de prime abord à elle, bien qu'il n'ait pas poursuivi
le débiteur et qu'il ne soit pas insolvable, sauf à la
caution à opposer alors au créancier les bénéfices
que la loi lui accorde.

Il ne faut pas assimiler le contrat de cautionnement à certains autres actes juridiques qui ont avec
lui des analogies plus ou moins considérables, mais
qui en diffèrent sur des points importants; ainsi :

I. — Le cautionnement diffère de la délégation im-
parfaite dont il est parlé dans l'article 1275 en ce
que, dans le cas de délégation, à l'inverse de ce qui
a lieu en matière de cautionnement, il n'y a point un
obligé principal et un obligé accessoire ; l'obligation
du délégué a un caractère principal comme celle du
premier obligé, et il n'a point les bénéfices qui sont
accordés à la caution.

II.— Il ne faut pas davantage assimiler le cautionnement à l'obligation du porte-fort.

1° L'obligation du porte-fort a en effet un caractère principal que n'a pas l'obligation de la caution.

2° En outre, elle intervient pour garantir le fait d'un
tiers; la caution, au contraire, promet son fait et non
le fait d'autrui.

3° Le cautionnement ne s'applique qu'à une obligation qui existe et qui a un certain caractère de validité. On peut, au contraire, se porter fort pour un
tiers qui n'est nullement obligé envers celui vis-à-vis
duquel s'engage le porte-fort.

III. — Il a été dit dans la partie relative au droit

romain quelles différences existaient entre la caution
et celui qui faisait un pacte *constitutæ pecuniæ*. Casare-
gis dit à propos de celui qui s'engage par ce pacte de
constitut : « Non alieni obligationi accedit, sed alie-
nam propriam facit. »

IV. — Nous avons pareillement examiné en droit
romain les différencesqui existent entre le fidéjusseur
et celui qui a donné mandat au créancier de prêter,
le *mandator pecuniæ credendæ*. Plusieurs de ces différences ne subsistent plus dans notre droit, mais il
reste :

1° Que le mandat de prêter à un tiers est un contrat principal, tandis que le cautionnement n'a qu'un
caractère accessoire.

2° Le mandat de prêter à un tiers doit, par la
nature même des choses, précéder l'obligation qu'il
a pour but de garantir; au contraire, le cautionnement peut précéder ou suivre l'obligation principale.

CHAPITRE II

DIVISION DES CAUTIONS.

Pothier (Tr. des Oblig., n° 386) et le Code après
lui reconnaissent trois diverses espèces de cautions :

1° Les cautions conventionnelles;
2° Les cautions légales (art. 2040);
3° Les cautions judiciaires (art. 2040).

La caution conventionnelle est celle dont l'intervention n'est requise ni par la loi ni par justice, mais en vertu d'une convention. Peu importe qu'elle soit donnée amiablement ou en justice, car toute caution prescrite par jugement n'est pas pour cela judiciaire.

La caution légale est celle que la loi prescrit en certains cas pour atteindre un certain but.

Enfin la caution judiciaire est celle que la loi ne prescrit pas, mais qu'elle permet au juge d'ordonner ou non, en certains cas, suivant qu'il lui paraîtra à propos.

On a attaqué cette division, par ce motif qu'il n'est pas possible, a-t-on dit, de distinguer la caution judiciaire de la caution légale, car dans les cas même où le juge ordonne qu'une caution sera fournie, la loi le veut ainsi, le principe de l'obligation de ce cautionnement est dans la loi (M. Bugnet sur Pothier, Oblig., p. 208, note 1). Si on adoptait cette idée, on pourrait en venir à dire que non-seulement la caution judiciaire, mais aussi la caution conventionnelle se confond avec la caution légale; le cautionnement conventionnel ne peut intervenir, en effet, que parce qu'il est autorisé par la loi, et dans les cas seulement où elle l'autorise. Que si on distingue la caution légale de la caution conventionnelle, il ne semble pas qu'il y ait plus de difficulté à distinguer la caution légale de la caution judiciaire.

Et en effet : la caution légale diffère de la caution conventionnelle en ce que l'une est prescrite, tandis que l'autre est simplement autorisée par la loi.

De même, la caution judiciaire diffère de la caution légale, en ce qu'elle n'est pas prescrite par la loi, mais que le juge est seulement autorisé à l'exiger, s'il le trouve à propos, il a un pouvoir d'appréciation.

Ainsi, tandis que la caution légale est ordonnée, la caution conventionnelle et la caution judiciaire sont autorisées par la loi. Ces deux dernières diffèrent ensuite entre elles, en ce que la caution judiciaire peut être prescrite par le juge, tandis que la caution conventionnelle dépend uniquement de la volonté des parties.

Comme exemples de cautions légales, on peut citer :

La caution exigée de l'étranger demandeur par l'article 16, Code civil et les articles 166, 167, Proc. civ.

La caution à fournir par l'usufruitier dans le cas de l'article 601, par l'usager et celui qui a droit d'habitation (626).

La caution que doivent les envoyés en possession provisoire des biens d'un absent (art. 120, 123, 124).

La caution due par l'époux qui succède à son conjoint pour la restitution du mobilier, s'il y a lieu (art. 771).

La caution que l'article 807 exige de l'héritier bénéficiaire pour la valeur du mobilier de la succession (992, Proc.).

La caution à fournir par le mari à la femme préciputaire en cas de survie, lorsqu'arrive la séparation de corps (art. 1518).

Telle est encore la caution que doit présenter le vendeur dans le cas de l'article 1653.

Et celle que doit offrir le créancier au cas de l'article 2185.

On peut enfin mentionner la caution due par le comptable au cas de l'article 542, Proc.

On trouve au Code de commerce des cas de caution légale dans les articles 120, 151, 231, 346, 384, 441.

On rencontre un cautionnement judiciaire aux cas d'exécution provisoire d'un jugement conformément à ce qui est dit dans l'article 135 du Code de procédure civile. Dans un autre ordre d'idées, on trouve une caution judiciaire dans celle qui est exigée pour la mise en liberté provisoire, puisqu'il dépend du juge d'ordonner qu'il en sera ou non fourni une (art. 114 et 120, Instr. crim.).

Quant aux cautions conventionnelles, elles interviennent dans les différents contrats, et on peut dire d'elles ce que Justinien dit à propos des stipulations conventionnelles: « Quarum totidem genera sunt quot rerum contrahendarum » (Instit., l. III, t. 18, § 3).

CHAPITRE III

DES PERSONNES QUI PEUVENT CAUTIONNER, ET DES QUALITÉS QUE LES CAUTIONS DOIVENT RÉUNIR.

Quand une caution a été promise par convention ou qu'elle est exigée en vertu de la loi, ou d'un jugement, le créancier a le droit de refuser les personnes qui lui seraient présentées par le débiteur et qui ne satisferaient pas aux conditions fixées par les articles 2018, 2019.

Ces conditions sont au nombre de trois, et elles sont relatives : 1° A la capacité de la caution; 2° à sa solvabilité; 3° à son domicile.

I. *Capacité.* — La caution devra avoir la capacité de droit commun pour s'obliger, capacité qui est indiquée aux articles 1123, 1124, Code civil. Ce dernier article désigne comme incapables : « Les mineurs, les interdits, les femmes mariées dans les cas exprimés par la loi, et généralement tous ceux à qui la loi a interdit certains contrats. »

1° Le mineur, quel que soit son âge, qu'il soit émancipé ou non, n'est point admis à fournir un cautionnement. Tel est le principe; toutefois le mineur autorisé à faire le commerce est, d'après l'article 487, Code civil, « réputé majeur pour les faits relatifs à ce commerce. » D'où il semble résulter qu'il pourra se porter caution, mais seulement dans des affaires commerciales où il serait lui-même intéressé. En dehors de ce cas spécial, le cautionnement ne lui sera pas permis.

2° Les interdits ne peuvent cautionner. Le cautionnement fourni par une personne qui depuis a été interdite, pourra même être déclaré nul conformément à l'article 503, si la cause de l'interdiction existait notoirement à l'époque où cet acte a été fait. Bien qu'il n'y ait pas eu d'interdiction, le cautionnement pourra être annulé en vertu de l'article 504 dans le cas déterminé par ce texte.

La personne pourvue d'un conseil judiciaire pourra valablement se porter caution avec l'assistance de ce conseil, mais elle ne le pourrait sans cette assistance,

car elle ne peut emprunter (art. 599, 513), et le cautionnement en la constituant débitrice la placerait
dans la situation d'un emprunteur; elle ne peut alié-
ner, et le cautionnement amènera une aliénation par
la caution au profit du créancier si le débiteur ne satisfait pas lui-même à son obligation.

3e La femme mariée ne peut se porter caution
qu'après avoir préalablement obtenu l'autorisation
maritale. Mais cette autorisation la rend capable. La
femme autorisée par son mari à faire le commerce est
par là même capable de donner un cautionnement,
mais, comme le mineur commerçant, elle ne peut le
donner que dans les affaires qui concernent son commerce.

4° Le condamné à une peine afflictive temporaire
ne peut se porter caution pendant la durée de sa
peine, car il est en état d'interdiction légale; mais il
le peut après l'expiration de sa peine ou même pendant qu'il est en état de contumace, car alors il n'est
pas interdit légalement.

Le condamné à une peine afflictive perpétuelle est
aussi interdit légalement pendant la durée de sa
peine. S'il lui en est fait remise, l'interdiction légale
cesse, et dès lors il semble qu'il peut se porter caution, à moins que le cautionnement ne déguisât une
libéralité qu'il est incapable de faire, en vertu de
l'article 3 de la loi du 31 mai 1854.

Si le condamné à une peine perpétuelle est en état
de contumace, il faudra lui appliquer la même règle
qu'à celui à qui il a été fait remise de la peine, en
observant toutefois que le cautionnement qui dégui-

serait de sa part une libéralité ne pourrait être déclaré sans valeur, que s'il avait été donné plus de cinq
ans après l'exécution par effigie, car pendant ce délai, le contumax n'est point frappé des incapacités
prononcées par l'article 3 de la loi du 31 mai 1854.

5° Est incapable de fournir un cautionnement valable, la personne placée dans un établissement d'a-
liénés, pendant le temps durant lequel elle y est re-
tenue, bien que son interdiction n'ait été ni prononcée ni provoquée. Cette incapacité résulte de
l'article 39 de la loi du 30 juin 1838.

Dans l'ancien droit, on considérait le procureur
et l'avocat, comme incapables de se porter caution
du plaideur. Aujourd'hui, ces prohibitions n'existent
plus dans la législation, mais le plus souvent des rai-
sons de convenance s'opposeront à un semblable
cautionnement.

II. *Solvabilité.* — Pour que la caution soit utile à
celui à qui elle est donnée, il est évidemment nécessaire qu'elle puisse acquitter la dette à défaut du
débiteur, il faut donc qu'elle soit solvable. Mais le
législateur a pris ici le mot : solvabilité, dans un
sens spécial et très-restreint. Il veut que la solvabilité d'une caution ne s'estime qu'eu égard à ses
propriétés foncières, excepté en matière de commerce, art. 2019, 1°, ou lorsque la dette est modique. L'expression : propriétés foncières, employée
par le législateur exclut de l'estimation les meubles,
et les immeubles qui ne font pas partie du sol, tels
que les actions immobilisées de la Banque de France
(décret du 16 janvier 1808, art. 7). Par une règle si

restrictive, on augmente la sûreté du créancier, mais on place en même temps le débiteur obligé de fournir caution, dans une situation difficile. Cette disposition a trouvé sa source dans deux considérations : 1° La richesse mobilière n'a aucune assiette fixe; elle change de situation et passe de main en main avec une telle facilité, que si on voulait en tenir compte le cautionnement ne fournirait au créancier qu'une sûreté précaire; 2° les rédacteurs de l'article 2019 se sont appuyés sur l'idée vraie encore, dans une certaine mesure, en 1804, que la richesse mobilière était de peu de valeur et presque nulle; ils ont suivi le vieil axiome : *Vilis mobilium possessio.* Cette idée est complétement en désaccord avec la réalité, aujourd'hui que la richesse mobilière a pris de si grands développements et que l'ancienne proportion entre les valeurs mobilières et immobilières a été si profondément modifiée. Aussi serait-il peut-être à désirer qu'on rendît moins difficile la situation du débiteur qui cherche une caution, dût-on par là diminuer un peu la sûreté du créancier.

L'article 2019 n'a fait, du reste, en ce point, que maintenir le système de l'ancien droit.

Le mot propriétés dont se sert le texte montre qu'il ne suffirait pas que la caution eût sur les immeubles un droit réel, mais qu'elle doit avoir l'ensemble des droits réels, c'est-à-dire le droit de propriété. Ainsi :

1° Si on admet que l'emphytéose existe encore comme droit réel, il faut dire que la caution qui n'a sur l'immeuble qu'un droit emphytéotique pourra être rejetée comme insuffisante.

2° Il faut décider encore que la caution qui n'aurait sur l'immeuble qu'un droit d'usufruit n'est pas dans les conditions exigées par la loi; car ce droit n'est pas une propriété, et d'ailleurs, il finira au plus tard avec la personne de l'usufruitier. C'est la solution admise de tout temps. On la trouve dans le Conseil de Pierre de Fontaines, chap. VIII, où il est dit : « Cil qui tant solement a les fruiz d'une chose ne tient mie éritage. » Mais il semble qu'une nue propriété rentrerait dans l'esprit de la loi, et devrait être prise en considération. C'est encore le sentiment de Pierre de Fontaines (*loco supra cit.*) : « Cil tient bien héritage... qui n'a fors la nue propriété, encore en ait autres les fruits. »

3° La caution, eût-elle des propriétés foncières suffisantes, pourrait être refusée par le créancier, si ces propriétés étaient grevées d'hypothèques considérables.

Si la caution, dont les biens n'étaient point d'abord grevés d'hypothèques, en constitue postérieurement au cautionnement, il faut appliquer l'article 2020, et une autre caution devra être fournie si les constitutions d'hypothèque ont rendu la première insolvable, à moins qu'elle n'eût été donnée sur l'indication du créancier qu'il voulait telle personne pour caution.

Non-seulement la caution ne peut établir la solvabilité que par ses propriétés foncières, mais toutes propriétés foncières ne sont pas prises en considération. Ainsi : on n'a point égard aux immeubles litigieux, ou dont la discussion deviendrait trop difficile

par l'éloignement de leur situation (art. 2010, 2°).
Il semble qu'il faut ici expliquer le terme, *biens
litigieux*, par la disposition de l'article 1700, et dire
que : « la chose est censée litigieuse, dès qu'il y a
procès et contestation sur le fond du droit. » Il ne
paraît pas exact d'aller jusqu'à dire, comme l'ont fait
certains auteurs, « qu'il suffirait que le litige fût à
craindre, et que ces craintes eussent quelqué appa-
rence de fondement (1). » Le législateur a exigé de la
caution bien assez de sûretés, et il ne serait pas bon
de multiplier encore les restrictions par des arguments
d'analogie. C'est par le même motif qu'il ne faut pas,
pour déterminer quels immeubles devront être re-
gardés ou non comme trop éloignés, argumenter par
analogie, des articles 2018 et 2023, et exiger que les
immeubles, pour être pris en considération, soient
situés dans le ressort de la cour impériale du lieu où
le payement doit être fait. Il ne paraît pas possible
d'appliquer arbitrairement, et en raison d'une simple
analogie, une pareille restriction. S'il s'élève des difficultés sur ce point, les tribunaux auront tout pouvoir de décider si, vu l'éloignement de l'immeuble,
la discussion en sera ou non trop difficile pour le
créancier.

L'article 2019, 1°, mentionne deux cas où ne s'ap-
pliqueront pas à propos de la solvabilité les règles
rigoureuses qui viennent d'être posées, et où on tien-
dra compte de la fortune mobilière de la caution.
Cela aura lieu :

(1) Ponsot, Tr. du Cautionnement, n° 145.

1° En matière de commerce. Là, en effet, les affaires doivent se régler avec promptitude, et entre commerçants, le crédit est d'une considération plus grande que ne le seraient les propriétés foncières elles-mêmes. Cette exception était reçue dans l'ancien droit; le Code s'est borné à la maintenir. Mais elle ne doit pas être étendue en dehors de ses limites, et il ne semble pas exact de dire, comme on l'a fait cependant, qu'un commerçant peut valablement, même sans immeubles, et en vertu de sa seule qualité, cautionner une dette non commerciale, pourvu que son crédit soit bien établi (1). L'exception n'est édictée qu'en matière de commerce, et non pour les commerçants en toute matière. Elle est établie, si on peut s'exprimer ainsi, *ratione materiæ* et non *ratione personæ*. Aussi, à l'inverse, il semble qu'on devrait l'appliquer au non-commerçant qui cautionne son acte de commerce.

2° La seconde exception indiquée par l'article 2019 est relative au cas où la dette est modique. C'est aux tribunaux qu'il appartient d'apprécier quelles dettes doivent ou non être réputées modiques, et de décider en quel cas on doit ou non tenir compte de la fortune mobilière de la caution.

III. *Domicile.* — L'article 2018 veut que le débiteur présente une caution « dont le domicile soit dans le ressort de la cour impériale où elle doit être donnée. » Il y a dans ces derniers mots quelque obscurité, et il faut d'abord rechercher en quel lieu la caution doit être donnée.

(1) Troplong, sur l'article 2019.

1° En ce qui concerne la caution conventionnelle, aucune difficulté ne peut s'élever si la convention désigne le lieu où elle doit être donnée. Mais la difficulté naîtra si l'acte ne contient aucune indication à ce sujet. Il faut, ce semble, décider en s'appuyant sur les articles 1162 et 1247, que, dans le cas dont il s'agit, la caution sera donnée au domicile du débiteur. « Dans le doute, en effet, la convention s'interprète contre celui qui a stipulé, et en faveur de celui qui a contracté l'obligation » (art. 1162). Or, il est bien plus favorable pour le débiteur de fournir caution au lieu de son domicile, où il a des parents, des amis, où il est connu, en un mot, que de la fournir en tout autre lieu. L'article 1247, — 2° ajoute que « le payement doit être fait au domicile du débiteur. » Or, la dation de caution n'est autre chose que le payement de l'obligation où est le débiteur de fournir caution ; cette dation doit donc s'effectuer au domicile du débiteur. On objecte que décider ainsi, c'est tomber dans les difficultés que l'article 2018 a précisément voulu prévenir. Mais il est facile de répondre que tant que la caution n'est ni plus éloignée, ni plus difficile à poursuivre que le débiteur principal lui-même, le créancier n'a aucun motif de se plaindre. S'il a accepté le débiteur principal, malgre l'éloignement, pourquoi ne pas accepter de même la caution, surtout lorsque, en principe, celle-ci peut, s'il l'attaque, le renvoyer discuter le débiteur principal ?

2° Il faut appliquer à la caution légale la même règle qu'à la caution conventionnelle. En principe, c'est au domicile du débiteur qu'elle doit être fournio. Ainsi, il faut décider, quant à la caution due en vertu de l'article 601, que c'est au domicile de l'usu-fruitier qu'elle doit être donnée, et par suite, que c'est dans le ressort de la cour impériale de ce domicile qu'elle doit être domiciliée. Pareillement, c'est au domicile du mari que doit être fournie la caution or-donnée par l'article 1518. C'est au domicile du ven-deur, débiteur conditionnel, que doit être donnée la caution prescrite par l'article 1653, etc., etc.

C'est encore par une application de la règle géné-rale, et non en vertu d'une exception à cette règle, comme il pourrait le paraître au premier abord, que la caution à fournir par l'héritier bénéficiaire, en vertu de l'article 807, devra être donnée au lieu de l'ou-verture de la succession, et non au domicile de celui qui est héritier bénéficiaire. Il n'y a point là déroga-tion à la règle déjà posée, parce qu'il est de principe que pour tout ce qui concerne une succession, l'hé-ritier bénéficiaire est considéré comme domicilié au lieu de l'ouverture de cette succession.

Il faut décider de même, et pour le même motif, en ce qui concerne la caution à fournir par les en-voyés en possession provisoire des biens d'un ab-sent (1). La règle est encore la même, et pour des motifs identiques, au sujet de la caution que l'époux survivant doit en vertu de l'article 771, pour assurer la restitution du mobilier, s'il y a lieu, lorsqu'il suc-cède à son conjoint.

Mais, par exception, la règle générale que c'est au

(1) Mornac, t. IV, p. 315, n° 37, rapporte une décision contraire de l'ancienne jurisprudence.

domicile du débiteur que la caution doit être fournie, ne s'appliquera pas, dans le cas de l'article 16 du Code civil, au cautionnement que doit donner un étranger demandeur pour le payement des frais et dommages-intérêts résultant du procès. La caution, en ce cas, devra être fournie au lieu où siége le tribunal saisi de la contestation, et c'est dans le ressort de la cour impériale où se trouve ce tribunal qu'elle devra être domiciliée. Le motif de cette dérogation est que, la caution dont il s'agit étant donnée par un étranger, précisément pour parer aux risques que le défendeur peut courir par suite de son extranéité, elle serait sans aucune utilité si le demandeur pouvait en fournir une qui, ayant le même domicile que lui, serait comme lui étrangère.

3° Pour la caution judiciaire, il ressort des articles 517 et suivants du Code de procédure, que cette caution doit être fournie au greffe du tribunal qui l'a ordonnée; on ne tient pas compte, à l'inverse de ce qui a lieu pour le cautionnement conventionnel, du domicile du débiteur; cette diversité de solutions se justifie pleinement si on considère que les deux plaideurs ne se sont point choisis, comme le font deux contractants.

Le domicile dont il est parlé dans l'article 2018 n'est pas nécessairement un domicile réel; il suffirait, pour satisfaire à la loi, que la caution acquît, dans le ressort de la cour impériale où elle doit être donnée, un domicile d'élection.

Outre les trois conditions de capacité, solvabilité et domicile, dont il vient d'être question, le Code exigeait, pour la caution judiciaire spécialement, une quatrième qualité; elle devait être susceptible de con-trainte par corps (art. 2040, 2°). Cette condition ne saurait plus être exigée aujourd'hui, car la contrainte par corps, en matière civile, a été abrogée par la loi du 22 juillet 1867, article 1.

Quand une caution satisfait aux trois conditions de capacité, de solvabilité et de domicile, le créancier est tenu de la recevoir, et il ne faudrait pas l'ad-mettre, avec Bartole, à motiver un refus sur le ca-ractère tracassier et processif de la caution; il y au-rait là, en effet, des questions d'appréciation de nature à entraîner les plus grandes difficultés.

Le débiteur, d'accord avec le créancier, peut fournir à celui-ci une caution qui ne remplisse pas les conditions de solvabilité et de domicile indiquées par les articles 2018, 2019; cette caution sera par-faitement valable, pourvu toutefois qu'elle satisfasse aux conditions de capacité, car ce point-là est, à l'in-verse des deux autres, en dehors de la volonté des parties.

Le créancier qui a accepté cette caution ne peut revenir sur son acceptation, à moins toutefois qu'il n'ait été trompé par une fraude du débiteur. On se-rait alors dans un des nombreux cas d'application de la règle : *Fraus omnia corrumpit.*

La caution qui réunissait, lorsqu'elle a été four-nie, toutes les conditions exigées par la loi, peut, plus tard, cesser de satisfaire à quelqu'une d'entre elles.

1° Si la caution porte son domicile hors du ressort

de la cour impériale où elle a été donnée, le créancier ne peut exiger qu'il en soit fourni une autre, à moins que la première ne conserve dans le ressort un domicile élu.

2° Si la caution fournie devient insolvable, on appliquera l'article 2020 : il doit en être donné une autre. Cette règle reçoit exception dans le cas seulement où la caution n'a été donnée qu'en vertu d'une convention par laquelle le créancier a exigé une telle personne pour caution.

Les deux solutions qui viennent d'être données s'appliquent à la caution promise par le débiteur, ou qu'il est obligé de fournir en vertu de la loi ou d'un jugement. Mais elles ne seraient certainement pas applicables à propos d'une caution qui, de sa propre initiative, se serait présentée au créancier, peut-être à l'insu ou même malgré le refus du débiteur. Il est évident que le débiteur ne serait pas tenu de remplacer une pareille caution si elle devenait insolvable, car il n'a rien promis à cet égard au créancier lors de la convention. L'intervention spontanée d'une première caution qu'il n'était pas tenu de fournir, ne saurait l'obliger à en présenter une seconde si celle-là devient insolvable.

Le débiteur qui a promis une caution ne paraît pas pouvoir se libérer en fournissant une autre sûreté, telle que gage ou hypothèque. « Aliud enim pro alio, invito creditore solvi non potest. »

Quant aux cautions légales et judiciaires, la règle est posée par l'article 2041, qui est spécial à ces sortes de cautions. Il autorise le débiteur qui n'en

peut trouver à donner en place un gage ou nantisse-
ment suffisant. L'article 167 du Code de procédure
confirme cette solution, en ce qui concerne la caution
exigée de l'étranger demandeur. Le débiteur, dans le
cas de l'article 2041, serait-il aussi admis à fournir,
au lieu d'un gage, une hypothèque? Ponsot (Tr. du
Cautionnement, n° 386) tient la négative d'une manière absolue, et c'est, ce semble, avec raison, car la
dérogation introduite par l'article 2041 est contraire
au droit commun et par suite ne doit pas être étendue en dehors de ses termes.

CHAPITRE IV

DES DETTES QUI PEUVENT ÊTRE CAUTIONNÉES ET DE L'ÉTENDUE DU CAUTIONNEMENT.

SECTION I. *Quelles dettes sont susceptibles de cautionnement.*

I. Le cautionnement peut être employé à l'égard
de toute obligation appréciable en argent, pourvu
qu'elle satisfasse à ce qui est dit dans l'article 2012,
c'est-à-dire qu'elle constitue une obligation valable.
De là, il résulte que le cautionnement ne peut intervenir :

Sur une obligation sans cause (art. 1131);

Sur fausse cause (art. 1131);

Sur cause illicite (art. 1131);

Sur une obligation dont l'objet est hors du commerce (art. 1128);

Sur une obligation contraire aux lois ou aux mœurs (art. 6).

La dette de jeu ou de pari ne peut être cautionnée, car elle ne forme pas une dette même naturelle; et si l'article 1967 empêche la répétition de ce qui a été payé en cette qualité, c'est parce que le législateur n'a pas voulu qu'en aucun cas les tribunaux eussent à s'occuper de semblables questions. Mais il suffit que l'obligation principale soit valable pour qu'elle puisse être soutenue par un cautionnement. Ainsi l'obligation de faire peut être efficacement cautionnée sans qu'il soit porté atteinte à la règle : *Factum alienum inutiliter promittitur.* Car ce que la caution garantit, ce n'est pas l'exécution même du fait par le débiteur, c'est le payement des dommages-intérêts dus, faute d'exécution de ce fait (art. 1142). Il ne faut pas non plus considérer le cautionnement en ce cas comme nul sur le motif que la caution aurait promis autre chose que le débiteur principal : celui-ci, il est vrai, doit accomplir un fait; mais à quoi peut-il être contraint par son créancier? Ce n'est pas à l'accomplissement de ce fait : *Nemo enim potest præcise cogi ad factum;* c'est au payement d'une indemnité, que l'engagement de la caution a pour but de garantir vis-à-vis de l'ayant droit. On peut pareillement cautionner l'obligation d'une caution et le second obligé accessoire se nomme certificateur.

II. La règle, en ce qui concerne le cautionnement des obligations nulles, c'est qu'il est nul comme elles. Quand au cautionnement des obligations annulables, il n'y a point de solution générale, et il faut faire une

distinction fondée sur les articles 2012, § 2, et 2036.
L'exception basée sur le vice de l'obligation est-elle
purement personnelle à l'obligé, le cautionnement
peut intervenir (art. 2013, 2°). Cette exception est-
elle, au contraire, inhérente à la dette, le cautionnement n'est pas plus valable que l'obligation principale, et la caution peut, comme le débiteur, opposer
l'exception aux poursuites du créancier (art. 2036).
Reste à savoir ce qu'il faut entendre par : *exception
purement personnelle à l'obligé*, et par *exception inhérente à la dette*. Les termes : exception purement personnelle à l'obligé, se trouvent non-seulement dans
l'article 2012 en matière de cautionnement, mais on
les rencontre aussi dans l'article 1208, 2°, à propos des exceptions que peuvent opposer les codébiteurs solidaires. Le législateur y décide que le codébiteur solidaire ne pourra opposer les exceptions
purement personnelles à quelques-uns des autres
codébiteurs. Bien que la loi emploie ainsi à propos
de la caution et du débiteur solidaire les mêmes expressions, et qu'il y ait entre ces deux catégories
d'obligés une certaine analogie, il ne faut pas hésiter à dire que les mots : exceptions purement personnelles, n'ont nullement la même signification dans
l'article 1208 et dans l'article 2012. Ces termes en
matière de cautionnement doivent être pris dans un
sens beaucoup plus restreint qu'en matière de solidarité, et le motif en est que le cautionnement est un
office de bienfaisance. Ainsi, les exceptions quali-
fiées purement personnelles dans l'article 2012 sont
celles qui trouvent leur source non dans un vice dont

l'obligation du débiteur serait entachée, tel que dol, erreur, violence, etc., mais dans la violation de règles toutes de faveur et de protection pour certaines personnes, de sorte que « la nullité relative opposée par ces personnes dans un certain délai détruit moins l'obligation qu'elle frappe, qu'elle n'en paralyse les effets » (Ponsot, Traité du Cautionnement, n° 62). Ce sont les seuls cas où la caution demeure tenue. Cette solution doit s'appliquer non-seulement aux cautions pures et simples, mais aussi aux cautions solidaires. Il ne serait pas exact de s'appuyer sur l'article 2021 pour assimiler au point de vue dont il s'agit, les cautions solidaires aux débiteurs solidaires, et leur appliquer l'article 1208, 2°, de façon que la caution solidaire à l'inverse de la caution simple, ne pût opposer au créancier l'exception résultant du dol ou de la violence pratiquée contre le débiteur principal. Décider ainsi, ce serait donner une étendue beaucoup trop grande à la disposition de l'article 2021. La règle qu'il pose ne doit être entendue que *secundum subjectam materiam;* elle n'a pour but que d'exclure la caution solidaire des bénéfices de division et de discussion et de lui faire l'application de l'article 1203 (1).

1° Est purement personnelle, l'exception qui résulte de l'état de minorité dans lequel se trouvait l'obligé principal quand il a contracté (art. 2012). Il n'est pas besoin de faire observer que c'est l'exception tirée de l'état du mineur, et non toute autre ex-

(1) Zachariæ, Aubry et Rau, t. III, § 423, note 7.

ception que le mineur pourrait invoquer, qui conduit à cette solution.

Ce qui vient d'être dit à propos du mineur, a lieu, qu'il soit ou non émancipé. S'il était émancipé et que ses obligations fussent réduites en vertu de l'article 484, 2°, la caution ne pourrait, en aucun cas, se prévaloir de cette réduction, lors même qu'elle serait fondée non sur le peu de fortune de l'émancipé, mais sur la mauvaise foi de celui avec qui il aurait contracté. Pour que la caution pût user de l'exception, il faudrait que cette mauvaise foi prît le caractère de dol; auquel cas l'obligation de l'émancipé serait non plus réductible, mais annulable (art. 1116).

2° Est encore purement personnelle, dans le sens de l'article 2012, l'exception que peut invoquer la femme mariée qui a contracté sans autorisation du mari, de sorte que son obligation peut être valablement cautionnée. Nous avons dit dans la partie relative à l'ancien droit que des difficultés s'étaient élevées à ce sujet entre les jurisconsultes les plus autorisés. Elles ne sauraient se présenter aujourd'hui; les articles 1124 et 1125 mettent sur la même ligne l'incapacité du mineur et celle de la femme mariée non autorisée. Ce n'est pas dans l'acte même passé par la femme mariée que se trouve le vice; cet acte se soutient parfaitement, l'exception ne vient que de la situation où se trouve l'obligé; or, la caution n'est pas, elle, dans la même situation, et on conçoit dès lors qu'elle ne puisse invoquer cette exception.

3° Il faut aussi considérer, comme purement per-

sonnelle à l'obligé, l'exception qui résulte de son
état d'interdiction. Si l'article 502 déclare les actes
de l'interdit « nuls de droit, » ce n'est pas en ce sens
qu'ils seraient atteints de nullité absolue, mais en ce
sens que la nullité en sera prononcée sur la seule
constatation qu'ils ont été faits pendant la durée de
l'interdiction, sans qu'il y ait à examiner s'ils ont ou
non été faits pendant un intervalle lucide; mais quant
au cautionnement, il sera valable, à moins qu'il ne
soit établi que l'acte auquel il s'applique a été passé
dans un moment où l'interdit était incapable d'avoir
une volonté; en ce cas, en effet, l'obligation principale se trouverait inexistante faute de consentement
(art. 1108), et le cautionnement serait par suite dénué de toute valeur, l'accessoire ne pouvant exister
sans le principal. Il est vrai qu'on retombe ainsi dans
la difficulté que le législateur avait voulu prévenir
par la disposition de l'article 502, celle de faire la
preuve des intervalles lucides, mais il semble impossible d'adopter une autre solution; car l'incapacité résultant de l'interdiction, ne paraît, comme la
minorité, créer qu'une exception purement personnelle à l'obligé. L'interdit qui est assimilé au mineur,
comme le montrent les articles 1124, 1125, doit
aussi pouvoir, pour les obligations qu'il contracte,
être valablement cautionné. Il ne serait pas exact
de dire avec Delvincourt, que celui qui a cautionné
un interdit, sera tenu, non comme caution, mais
comme obligé principal, *donandi animo*; celui qui
a voulu cautionner, n'a nullement, en effet, ma-
nifesté l'intention de faire une libéralité, et, dans

notre droit, cette intention ne saurait se présumer.

4° Il faut assimiler aux interdits les personnes placées dans des maisons d'aliénés (art. 39, loi du 30 juin 1838). Leurs obligations, comme celles des interdits, pourront être valablement cautionnées, pourvu qu'elles aient été contractées dans un intervalle lucide.

5° Ce qui a été décidé pour le cautionnement des obligations de l'interdit, doit l'être, à plus forte raison, du cautionnement intervenu sur l'obligation d'une personne pourvue d'un conseil judiciaire, et qui a agi sans l'assistance de ce conseil.

6° Quant aux interdits légalement, il ne faut pas les assimiler au point de vue qui nous occupe aux interdits judiciaires. Ce n'est pas pour les protéger, c'est pour les punir que la loi prononce leur incapacité. Elle veut les empêcher de se procurer des ressources pécuniaires pendant la durée de leur peine en effrayant les tiers par la perspective d'une action en nullité; valider le cautionnement en ce cas, ce serait annuler les précautions prises par le législateur et aller directement contre sa volonté.

Dire, comme nous venons de le tenter, ce qu'il faut entendre par exceptions purement personnelles à l'obligé principal en matière de cautionnement, c'est définir par *a contrario* quelles exceptions sont inhérentes à la dette dans le sens de l'article 2036. Ce sont celles qui proviennent, non point d'un défaut de capacité de l'obligé principal, mais d'un vice qui frappe l'obligation, le rapport de droit lui-même. La caution, avons-nous dit, peut opposer les exceptions de ce genre qui appartiennent au débiteur, et le cautionnement en ce cas est annulable tout comme l'engagement principal.

L'exception de cette nature pourra être opposée par la caution, lors même que postérieurement, le débiteur principal aurait renoncé à l'invoquer. Cette renonciation à laquelle la caution est étrangère ne peut la priver d'un droit acquis. Mais il en serait autrement si la caution avait ratifié la renonciation faite par le débiteur principal.

Que si le débiteur n'ayant pas abandonné l'exception dont il peut se prévaloir, la caution vient à y renoncer, il semble que cette renonciation doit être considérée comme non avenue, et qu'elle ne lui sera pas opposable, car s'il en était autrement, la caution se trouverait tenue *in duriorem causam quam reus principalis;* et c'est ce qu'interdit l'article 2013 (1). S'il s'est écoulé un délai suffisant pour que le vice de l'obligation annulable se trouve effacé, et que le débiteur principal ne puisse plus invoquer la nullité, il semble que la caution cessera dès lors de pouvoir l'opposer, lors même que son cautionnement ne remonterait pas à une période assez longue pour que la nullité soit prescrite sur sa tête comme sur celle du débiteur. La prescription opérée contre le débiteur a fait disparaître la cause de nullité qui était inhérente à l'obligation, et dès lors qu'elle n'existe plus, il n'est pas possible que la caution puisse encore l'invoquer. Cette solution ne contredit pas, ce semble, ce

(1) Bartole, sur la loi 1, Cod., de Decurionib., et sur la loi Si quis pro eo, § ult., Dig., de fidej. et mand. (46-1).

qui a été dit précédemment à propos de la renonciation que le débiteur ferait à l'exception, renonciation
qui ne peut préjudicier à la caution. La prescription,
en effet, bien qu'on la qualifie de renonciation tacite,
est bien plus énergique qu'une véritable renonciation et doit, par suite, avoir des effets plus étendus.

Le cautionnement peut intervenir sur une obligation future, mais alors il est soumis à une condition
suspensive, la réalisation de l'obligation principale
qui lui sert de base. — Tant que cette obligation principale n'est pas intervenue celui qui a promis de
cautionner peut-il déclarer qu'il change de volonté,
et qu'il n'entend plus être caution? Pothier (Obligations, n° 399) et Basnage (Traité des Hypothèques,
p. 2, ch. 6), tiennent l'affirmative. Delvincourt (t. 3,
p. 482) adopte la même opinion. Il semble plus exact
de dire que la caution pourra en effet se retirer en en
manifestant la volonté, s'il n'y a eu de sa part qu'une
simple pollicitation, non encore acceptée ; mais s'il y
a eu contrat formé, il ne semble pas admissible que
la volonté d'une seule des parties puisse le réduire à
rien, car : « les conventions légalement formées tiennent lieu de loi à ceux qui les ont faites » (art. 1134).
D'ailleurs, si le contrat de cautionnement contracté
avant la naissance de l'obligation principale, était
sujet à disparaître par la simple volonté de la caution,
il serait nul, comme contracté sous une condition
potestative de la part de celui qui s'oblige, et dès
lors il ne serait plus exact de dire que le cautionnement peut intervenir avant la naissance de l'obligation principale.

III. L'obligation naturelle peut-elle servir de base à un cautionnement valable au point de vue civil? La solution affirmative ne semble pas douteuse (1).

Si le cautionnement ne peut intervenir sur une obligation nulle, c'est parce que la loi ne reconnaît aucune force à une semblable obligation. Mais la situation n'est pas la même, au cas d'obligation naturelle. Cette obligation est reconnue par la loi, puisque son existence empêche la répétition de ce qui a été payé en son acquit. Ce qui lui est refusé, et par des motifs d'ordre public, ce sont les moyens de contrainte, l'action, mais ce refus n'influe en rien sur la validité du lien, il n'influe que sur son efficacité. Or, du moment que nous sommes en présence d'une obligation valable, le cautionnement peut intervenir (art. 2012, 1°).

La caution ne se trouvera pas ainsi tenue à plus que le débiteur principal, elle promet la même prestation que celui-ci; la seule différence entre elle et lui, c'est que la promesse de la caution a un caractère plus efficace que celle du débiteur principal, elle est tenue non pas *in duriorem causam*, mais *arctiori vinculo*. — La caution civilement tenue ne pourra répéter ce qu'elle aura payé contre le débiteur qui n'est obligé que naturellement, elle jouera vis-à-vis de lui le rôle de créancier naturel.

De ce qui vient d'être dit : qu'on peut cautionner civilement une dette naturelle, il ne faut pas conclure que celui qui a cautionné une dette civile demeure

(1) En sens contraire : Zachariæ, Aubry et Rau, t. III, § 424, note 5.

nécessairement tenu, lorsque cette dette civile disparaît, et se change en une dette naturelle; il faut
décider au contraire que ce changement entraîne sa
libération.

Toutefois et par exception, celui qui a cautionné
une obligation annulable pour cause d'incapacité de
l'obligé principal, est censé avoir voulu prémunir
le créancier contre cette annulation, et il demeure
tenu, bien que l'obligation soit devenue simplement
naturelle par l'usage que le débiteur principal a fait
de l'exception qui lui appartenait (art. 2013, 2°).

De même encore le cautionnement survit civilement à l'obligation principale, qui devient naturelle
dans le cas de concordat (art. 545, Code comm.).

En ce cas, en effet, la dette ne devient naturelle
que pour ce que le débiteur ne peut pas payer; or,
si celui-ci est insolvable c'est sur la caution que cette
insolvabilité doit retomber. Tel a été précisément le
but de son engagement (1).

Section II. *Etendue du cautionnement.*

Le cautionnement est un contrat accessoire, il s'appuie sur une obligation qu'il a pour but de garantir.
Dès lors on comprend qu'il ne puisse être plus étendu
que cette obligation elle-même, car au delà de ce que
doit le débiteur principal, il serait entièrement sans
soutien (art. 2013, 1°).

Mais si la nature des choses empêche que la caution

____

(1) Mornac, sur la loi 9, de fidej., Dig., t. II, col. 536.

puisse être obligée à plus que le débiteur principal, la même raison ne s'oppose pas à ce qu'elle soit tenue d'une manière plus rigoureuse; à ce que le lien qui l'astreint envers le créancier soit plus fort, plus étroit, que celui qui retient le débiteur principal. C'est ainsi que nous venons de montrer que la caution d'une dette naturelle est tenue civilement, et peut être poursuivie, tandis que le débiteur principal ne peut l'être. Ainsi encore la caution peut fournir un gage, une hypothèque ou toute autre sûreté, bien que le débiteur n'en ait point donné.

Rien ne s'oppose non plus à ce que l'obligation de la caution soit moins étendue que celle du débiteur. Ces règles ressortent de la nature même des choses, aussi sont-elles, dans notre droit, exactement ce qu'elles étaient en droit romain et dans l'ancien droit, et il suffira de renvoyer à ce qui en a déjà été dit.

De ce que la caution ne peut s'obliger *in duriorem causam*, il suit que si, postérieurement au contrat, le créancier accorde un terme au débiteur, la caution en devra profiter, lors même que le créancier aurait pris soin de spécifier le contraire.

Toutefois, la solution devrait être différente, si le terme avait été donné au débiteur par concordat; en ce cas, en effet, le créancier n'a donné ce terme que contraint et forcé, une obligation naturelle de payer à l'échéance d'abord fixée subsiste pour le débiteur; or, dans le cas de concordat, la caution demeure civilement tenue de ce qui n'est plus pour le débiteur qu'une obligation naturelle.

Par les mêmes motifs, il faut décider, que la caution ne pourra se prévaloir du délai de grâce accordé au débiteur principal en vertu de l'article 1244, 2°.

Les rédacteurs du Code ont consacré le principe que nous avons rencontré en droit romain, et qui avait persisté dans l'ancien droit, à savoir que, le cautionnement contracté pour plus que la dette principale n'est pas nul, mais qu'il doit être restreint aux limites de cette obligation, et ils ont eu soin de s'en expliquer formellement, afin de prévenir la continuation des controverses que cette matière avait si longtemps soulevées (art. 2013, 3°).

Quant au cautionnement qui porte sur un objet autre que la dette principale, il ne semble pas douteux qu'il est nul, du moins en tant que cautionnement. Mais, suivant ce qui apparaîtra de l'intention des parties, l'acte pourra valoir, soit comme obligation principale, soit comme engagement de se porter fort, ou comme pacte *constitutæ pecuniæ*.

Section III. *Règles d'interprétation.*

« Le cautionnement ne se présume pas, il doit être exprès... » dit l'article 2005. Il faut un acte qui annonce clairement l'intention des contractants. Le législateur a voulu prémunir le juge contre la propension à admettre avec trop de facilité, comme cautionnement, de simples recommandations qui, dans la pensée de leur auteur, n'auraient nullement le caractère d'obligations.

La loi a cependant présumé le cautionnement en plusieurs cas : par exemple, dans l'article 1216, où elle veut que les coobligés solidaires qui n'ont pas intérêt à la dette soient considérés comme des cautions. Ici, du reste, la présomption est tout en faveur de ceux qu'elle concerne, car il est moins onéreux de jouer le rôle de caution que celui de débiteur solidaire.

La loi présume encore le cautionnement dans l'article 1419, contre le mari qui a consenti à l'obligation de sa femme, sous le régime de la communauté ; la présomption en ce cas, à l'inverse du précédent, aggrave la situation du mari, en lui enlevant le bénéfice de la règle : « Qui auctor est se non obligat. »

De même dans l'article 1450, la loi, supposant le cas où la femme séparée a aliéné sous l'autorisation de justice, déclare le mari caution du défaut d'emploi ou de remploi, s'il a concouru au contrat, s'il a reçu l'argent, ou si cet argent a tourné à son profit.

Lorsque le cautionnement a été contracté d'une façon expresse, comme le veut l'article 2015, il se peut, ou bien que son étendue ait été fixée par le contrat qui l'a créé, ou bien qu'il ait été donné d'une manière générale et sans limitation.

I. Si les parties ont fixé les limites dans lesquelles elles veulent renfermer l'obligation de la caution, l'article 2015 défend de l'étendre au delà. Cette disposition n'aurait pas de sens, si elle ne modifiait pas dans une certaine mesure les règles générales d'interprétation des conventions posées par les articles 1156 et suivants. Tout ici doit être interprété très-strictement ; le législateur l'a voulu ainsi, parce qu'on ne peut se dissimuler que le contrat de cautionnement n'ait un caractère fort dangereux. C'est ce qui faisait dire à Cujas, quoique peut-être avec un peu d'exagération : « Non inscite doctores nostri dixerunt, titulos de donationibus, et fidejussoribus esse fatuorum hominum. » (Sur la rubrique : *De precario, Cod.*)

L'extension du cautionnement est prohibée dans l'article 2015 d'une façon générale, et elle ne saurait avoir lieu, ni quant aux choses, ni quant aux personnes.

II. Si le cautionnement n'a pas été limité par les termes mêmes de l'acte, mais qu'il ait été donné d'une façon indéfinie, il s'étend à tous les accessoires de la dette, même aux frais de la première demande, et à tous ceux postérieurs à la dénonciation qui en est faite à la caution (art. 2016).

La caution à qui la poursuite n'est pas dénoncée ne doit que les frais de la première demande, car pour les autres, elle peut objecter que si on l'eût prévenue, elle les aurait évités en payant immédiatement le créancier.

Le cautionnement indéfini doit être étendu à toutes les obligations qui naissent du contrat pour lequel la caution s'est obligée, soit directement, soit d'une manière médiate.

La caution, en ce cas, répondra même du dol ou de la fraude que l'obligé apporterait dans l'exécution de son obligation, comme des coupes insolites qui seraient faites par l'administrateur d'un immeuble. M. Troplong cite encore comme exemple le cas où un

emprunteur à la grosse pratique un sinistre fraudu-
leux, et il déclare que la caution répondra du dol.
(Guidon de la mer, ch. 19, art. 8.)

La caution, même obligée *in omnem causam*, ne
sera pas tenue des frais d'enregistrement, car ce n'est
pas à celui avec qui elle a contracté qu'ils sont dus,
mais au fisc envers lequel elle ne s'est point obligée.

Si un non-commerçant a cautionné dans la forme
ordinaire, et non par un aval, une dette commerciale, il n'a point fait lui-même acte de commerce;
toutefois, il faut décider que si son cautionnement
s'étend aux intérêts, il les devra au taux de 6 p. 100,
tout comme le commerçant, et cette solution ne va
point contre la loi du 3 septembre 1807; car ce n'est
pas comme intérêts que la caution devra cette somme,
puisqu'elle n'a point reçu de capital. Et d'ailleurs,
elle ne se trouve payer en définitive au créancier que
ce qu'il a droit de recevoir, que ce que lui doit le
débiteur lui-même dont elle prend la place.

CHAPITRE V.

EFFETS DU CAUTIONNEMENT.

Les effets du cautionnement sont divers, suivant les
personnes par rapport auxquelles on considère le
contrat, chacune retirant de ce contrat des droits, et
assumant des obligations qui lui sont particulières.
Aussi faut-il successivement examiner les effets du
cautionnement :

1° Entre la caution et le créancier;

2° Entre la caution et le débiteur;

3° Entre les diverses cautions;

4° Enfin entre la caution et les obligés seulement *propter rem*.

SECTION I. *Effets du cautionnement entre le créancier et la caution.*

La caution est obligée envers le créancier à acquitter la dette qu'elle a garantie. Cette obligation est pure et simple; elle n'est nullement soumise à la condition, si le débiteur ne peut payer. Tant que le créancier n'a pas reçu ce qui lui est dû, il a le choix de s'adresser à la caution ou au débiteur.

Le créancier qui attaque la caution n'a pas à prouver qu'il ait mis le débiteur en demeure, conformément à l'article 1139. Il n'a pas non plus à établir que le payement n'a pas été effectué par le débiteur. Tout ce qu'il a à prouver, c'est l'existence de la dette et celle du cautionnement. Si la caution invoque ensuite un payement fait par le débiteur, ce sera à elle à le prouver.

La caution peut opposer au créancier certaines exceptions spéciales, qui ne sont autres que les bénéfices du droit romain.

I. *Bénéfice de discussion.* — La caution attaquée par le créancier, avant le débiteur principal, peut le renvoyer contre ce débiteur, afin qu'il essaye d'abord d'en obtenir son payement, sauf à revenir ensuite contre elle s'il n'a pas été désintéressé par le résultat de cette discussion (art. 2021, 2022). Cette ma-

nière compliquée de procéder a-t-elle une raison
d'être dans notre législation?

Les Romains avaient eu, pour admettre ce système, une raison historique que nous n'avons point.

Le principe que la caution est obligée, purement
et simplement, était chez eux fort ancien. Comme ils
avaient grand respect pour leurs vieilles lois, ils
avaient maintenu cet ancien principe; mais à côté, et
pour remédier à ce qu'il eut de trop dur, lorsque l'é-
quité finit par l'emporter sur la rigueur du vieux
droit, ils placèrent l'exception de discussion, qui en-
levait à la règle à peu près toute son efficacité pratique. Notre législateur a cru devoir suivre la même
marche, et dans le même titre où il montre l'obligation de la caution comme pure et simple, il enlève à
cette règle, pour la plupart des cas, sa valeur pratique, en admettant le bénéfice de discussion. Cette
sorte de contradiction s'expliquait dans la législation
romaine, parce que les deux règles entre lesquelles
elle existait avaient été portées à des époques fort
différentes, et très-éloignées l'une de l'autre. Mais
elle est, ce semble, bien plus difficile à justifier dans
une législation qui, comme notre Code, a été créée
d'un seul jet, et dont toutes les règles ont été pro-
mulguées en même temps. Il eût peut-être été plus
simple, et aussi plus digne du législateur, de ne point
démolir ainsi d'une main ce qu'il édifiait de l'autre,
et de faire de toutes les cautions, auxquelles il accorde le bénéfice de discussion, des *fidejussores indemnitatis*, obligés seulement sous condition.

Qui peut opposer le bénéfice de discussion. Cautions

conventionnelles. — Elles ont le bénéfice de discussion à moins qu'elles n'y aient renoncé (art. 2021). La renonciation peut être expresse ou tacite.

1° La renonciation expresse n'est soumise à aucune forme solennelle, elle pourra s'induire des termes de l'acte, pourvu qu'ils ne soient pas trop vagues.

2° La renonciation tacite au bénéfice de discussion, s'induit de la solidarité stipulée entre la caution et le débiteur principal, l'article 2021 le déclare, et il ajoute que dans ce cas l'effet de l'engagement de la caution se règle par les principes établis pour les dettes solidaires. Cette règle, ainsi qu'il a déjà été dit, a dans son énoncé quelque chose de beaucoup trop large, et la formule employée semble avoir trahi la pensée du législateur. La disposition signifie seulement que la caution solidaire est assimilée au codébiteur solidaire en ce qui concerne la discussion et la division, mais sur tous les autres points, il faut lui appliquer les règles relatives aux cautions et non celles qui régissent les débiteurs solidaires. On trouve un exemple de cautionnement solidaire dans l'article 142 du Code de commerce ; c'est le cas du donneur d'aval. Ce texte décide que l'aval emporte solidarité, qu'il ait été donné sur le titre même ou par acte séparé. De ce que l'aval constitue un cautionnement solidaire il suit que le donneur d'aval n'a point le bénéfice de discussion. Mais il ne faudrait pas dire, en se fondant sur une fausse analogie, que toutes les cautions données pour dettes commerciales sont exclues du bénéfice de discussion, lors même qu'elles ne sont pas solidaires. Cela fut généralement admis, il est vrai, dans l'ancien droit.(1), mais il n'en doit plus être de même aujourd'hui ; et si le donneur d'aval n'a pas la discussion, c'est parce qu'il s'est porté caution solidaire, et non parce qu'il a cautionné un acte de commerce.

La caution, bien que pure et simple, ne peut cependant invoquer le bénéfice de discussion, quand le débiteur principal est protégé par une exception purement personnelle.

On ne peut, à l'inverse de ce qu'on admettait en général dans l'ancien droit, priver la caution du bénéfice de discussion, parce que le débiteur principal serait dans une insolvabilité notoire. Elle peut l'invoquer toutes les fois que le législateur ne le lui a pas refusé expressément, ou qu'elle n'y a point renoncé.

Cautions légales. — La loi ne leur refuse nulle part le bénéfice de discussion, il doit donc leur être accordé, car il forme le droit commun.

Cautions judiciaires. — Article 2042. « La caution « judiciaire ne peut point demander la discussion du « débiteur principal. »

On a voulu, afin de maintenir le respect qui leur est dû, assurer l'exécution des décisions de justice par des liens plus forts et de plus grandes sûretés que celles qui sont destinées à assurer l'exécution des conventions. Ce fut le motif que M. Treilhard donna des règles rigoureuses auxquelles la caution judiciaire est assujettie. C'est par le même motif que le

---

(1) Voët ad Pand., l. XLVI, t. 1, n° 19. — Rousseaud, v° Caution, sect. 2, n° 1, cite nombre d'autorités à l'appui de la même opinion.

certificateur d'une caution judiciaire ne peut non-seulement faire discuter le débiteur principal, mais pas
même la caution qu'il a garantie (art. 2043).

Contre qui le bénéfice de discussion peut être opposé.
— La caution peut opposer la discussion à l'égard du
débiteur qu'elle a cautionné. De même le certificateur
peut opposer la discussion de la caution, qui est par
rapport à lui un débiteur principal, il peut aussi opposer la discussion du débiteur principal lors même
que ce droit n'appartiendrait pas à la caution dont
il a garanti l'engagement.

S'il y a plusieurs débiteurs solidaires dont un
seul a été cautionné, la caution peut-elle renvoyer le
créancier, discuter non-seulement ce débiteur, mais
aussi tous les autres codébiteurs dont elle ne garantit
pas l'obligation? Elle le peut; ils sont tous, en effet,
débiteurs principaux, et elle ne doit pas, parce qu'elle
n'en a cautionné qu'un, être dans une plus mauvaise
situation que si elle les avait cautionnés tous.

D'autre part, les codébiteurs non cautionnés ne
peuvent se plaindre, si la caution renvoie le créancier
les discuter, car ils ne sont pas plus mal traités que
si le cautionnement n'existait pas. La même règle
s'appliquera au certificateur vis-à-vis des cofidéjusseurs de la caution qu'il a garantie.

Conditions d'exercice du bénéfice de discussion. — Le
bénéfice de discussion est une faveur pour la caution;
aussi la loi n'a pas voulu que son exercice pût devenir trop onéreux pour le créancier, soit en lui faisant
perdre du temps, soit en l'obligeant à des recherches,

ou à des avances de fonds. De là les restrictions posées dans les articles 2022, 2023. La caution, pour
profiter du bénéfice de discussion, doit :

1° L'opposer sur les premières poursuites ;

2° Indiquer les biens à discuter ;

3° Avancer les frais de cette discussion.

1° La caution doit requérir la discussion ; si elle
garde le silence, le juge ne pourrait l'ordonner
d'office, elle sera condamnée. De plus, l'article 2022
veut qu'elle l'oppose sur les premières poursuites,
et c'est avec une grande raison, ce semble, que ce
système a été choisi par les rédacteurs du Code au
milieu des controverses de l'ancien droit sur ce
sujet.

La discussion, en effet, n'est pas de nature à libérer directement la caution, ce n'est qu'une exception
dilatoire ; la caution qui l'a opposée, pourra être de
nouveau poursuivie par le créancier.

Il est vrai qu'elle est libérée si les biens discutés
sont suffisants pour acquitter la dette, mais, en ce
cas, elle est libérée par voie de conséquence, parce
que la dette a été éteinte par le payement, et non
point directement, parce qu'elle a opposé le bénéfice
de discussion.

Reste à savoir ce qu'on doit entendre par l'expression de l'article 2022 : « Sur les premières poursuites. » Il faut dire avec le tribunat, dans ses
observations, que pour que la caution perde le bénéfice de discussion, il faut qu'on puisse conclure de
son silence qu'elle a voulu y renoncer. C'est sur une
présomption de renonciation qu'est fondée la règle

de l'article 2022. D'où il faut admettre que, dans le cas de demande en justice, la caution peut encore opposer la discussion, après avoir contesté sa qualité de caution, après avoir soutenu que la dette n'existait point, après avoir opposé la nullité de l'assignation ou l'exception d'incompétence ; tandis qu'elle ne le pourrait point après avoir discuté la quotité de la dette, l'époque d'échéance, car par là même qu'elle discute ces questions, elle se reconnaît caution, et, du moment où elle prend cette qualité, sans opposer au demandeur l'exception de discussion, elle est censée y avoir renoncé.

Il y a, toutefois, un cas où on ne peut présumer que la caution ait renoncé au bénéfice de discussion, quelques moyens de défense qu'elle ait employés ; c'est le cas où le débiteur, lorsqu'elle se servait de ces moyens, n'avait pas de biens qui pussent être indiqués à la discussion.

De ce qu'on ne peut présumer la renonciation en ce cas, il faut conclure que si plus tard il survient des biens au débiteur, la caution pourra encore exiger que le créancier les discute (1).

Dans le cas où les poursuites sont extrajudiciaires, c'est la même règle qu'il faut appliquer ; la caution peut opposer la discussion tant que les circonstances ne font pas présumer qu'elle y a renoncé, c'est-à-dire tant qu'il n'est pas certain qu'elle est demeurée dans l'inaction après avoir eu connaissance des poursuites.

(1) En ce sens : Bugnet, notes sur Pothier, Oblig., p. 221, note 4 Pour la solution contraire : Ponsot, n° 191, et Duranton, t. XVIII, n° 337.

On peut appliquer ici, par analogie, ce que l'article 159, Proc. civ., dit à propos de l'exécution des jugements par défaut faute de comparaître, et admettre que le bénéfice de discussion ne peut plus être opposé, lorsque les meubles saisis ont été vendus, lorsque la saisie d'un ou de plusieurs de ses immeubles a été notifiée à la caution, ou, enfin, lorsqu'il y a quelque acte, duquel il résulte nécessairement que les poursuites ont été connues de la caution.

2° La caution qui oppose la discussion doit indiquer au créancier les biens du débiteur principal sur lesquels il aura à poursuivre son payement (art. 2023). L'indication doit se faire aussitôt que la discussion est opposée, et elle doit se faire en une fois. Après une première indication, la caution ne peut être admise à en faire une seconde. Toutefois, si le débiteur n'avait, lors de la première indication, que des biens insuffisants, et qu'il en ait acquis depuis, la caution peut faire, par rapport à ces nouveaux biens, une nouvelle indication.

Cette solution semble n'être qu'une conséquence de celle qui a été déjà donnée, que par rapport aux biens survenus au débiteur pendant l'instance, la caution pourrait invoquer la discussion, même après les premières poursuites, si lors de ces premières poursuites le débiteur était insolvable; à plus forte raison doit-on lui permettre de faire, dans les mêmes circonstances, une simple indication.

L'indication peut porter aussi bien sur des meubles que sur des immeubles. Ce serait une erreur que

d'introduire ici la disposition restrictive de l'article 2019. Toutefois, elle ne peut pas porter sur certains biens qui sont désignés par l'article 2023 — 2°.
La caution « ne doit indiquer ni des biens du débiteur principal situés hors de l'arrondissement de
la cour impériale du lieu où le payement doit être
fait, ni des biens litigieux, ni ceux hypothéqués
à la dette qui ne sont plus en la possession du débiteur. »

Le motif de la première de ces restrictions c'est
que la discussion ne doit pas être trop difficile pour
le créancier auquel elle est opposée.

Des difficultés s'élevaient dans l'ancien droit pour
fixer le degré d'éloignement à partir duquel la discussion cessait d'être opposable ; la disposition précise de l'article 2023, 2°, a heureusement fait disparaître, sur ce point, toute incertitude.

En second lieu, l'article 2023 défend à la caution d'indiquer des biens litigieux, et ici comme
dans l'article 2019 il faut appliquer à ces termes la
définition qu'en donne l'article 1700. Le bien est litigieux quand il y a procès et contestation sur le fond
du droit. En dehors de ce cas, l'indication sera possible (1). « Exceptiones enim strictissimæ interpre-
tationis sunt. »

C'est donc à tort qu'on voudrait assimiler aux
biens litigieux, ceux sur lesquels le débiteur n'a
qu'une propriété résoluble.

Enfin, l'article 2023 défend à la caution d'indiquer

(1) Aubry et Rau, t. III, § 426, note 8, donnent de ces termes
une interprétation moins stricte.

des biens hypothéqués à la dette qui ne sont plus en la possession du débiteur.

Il semble difficile de justifier cette dernière restriction. D'un côté, le créancier a autant la possibilité de se faire payer sur ces biens que s'ils étaient encore en la possession du débiteur, et, d'autre part, cette poursuite n'aggraverait pas la position du tiers acquéreur, car la caution réduite à payer ne manquera de recourir contre lui, ainsi qu'elle en a le droit. Le motif de la disposition qui nous occupe, c'est, d'après le tribun Chabot, que : « La discussion qu'il est permis à la caution de demander, ne doit être ni longue ni difficile. » Mais le tribun n'explique pas quel plus grand préjudice il peut y avoir pour le créancier, quand le bien hypothéqué est aux mains d'un tiers détenteur, que lorsqu'il appartient au débiteur principal (1).

Les restrictions posées par l'article 2023, 2°, ne sauraient être appliquées par analogie à des situations autres que celles qui y sont spécialement prévues; ainsi, on ne peut interdire à la caution d'indiquer des biens du débiteur, fussent-ils tellement grevés d'hypothèques, que leur vente ne donnerait aucun profit au créancier (2). Il y a là une question de fait qui ferait naître plus de difficultés et de longueurs que la discussion même. Et, d'ailleurs, l'obligation où est la caution d'avancer les deniers nécessaires à la discussion, garantit suffisamment le créancier

(1) Bugnet, notes sur Pothier, Tr. des Oblig., p. 222, note 3.
(2) En sens contraire : Duranton, t. XVIII, n° 338.

contre une indication faite sans but sérieux et par un pur esprit de chicane.

En principe, ce ne sont que les biens de la personne cautionnée que le fidéjusseur peut indiquer. Toutefois, il est évident que la caution d'un codébiteur solidaire, peut indiquer les biens des autres codébiteurs, qu'elle n'a pas cautionnés, puisqu'il a déjà été admis qu'elle pouvait renvoyer le créancier les discuter.

3° Enfin, d'après l'article 2023, la caution doit avancer les deniers suffisants pour faire la discussion. La loi ne veut pas, et avec raison, que la faveur qu'elle accorde à la caution puisse devenir une charge onéreuse pour le créancier, et qu'il se trouve contraint, en présence d'une caution qui garantit la dette et dont il pourrait facilement obtenir son payement, d'avancer des sommes qui, parfois, peuvent être considérables. L'introduction de cette règle est attribuée à Paul de Castro (1). Tandis que l'indication des biens doit se faire dès que le bénéfice de discussion a été opposé, l'avance des frais peut être retardée jusqu'à ce que le créancier en fasse la demande. En cas de difficulté, la quotité en sera fixée par justice. Toutefois, la caution a intérêt à faire promptement l'avance des frais, car ce n'est qu'à cette condition qu'elle peut profiter de la disposition favorable de l'article 2024, disposition d'après laquelle, « toutes les fois que la caution a fait l'indication de biens autorisée par l'article 2023, et

____

(1) Sur la loi 7, Dig., commodati.

qu'elle a fourni les deniers suffisants pour la discussion, le créancier est, jusqu'à concurrence des biens indiqués, responsable, à l'égard de la caution, de l'insolvabilité du débiteur principal survenue par défaut de poursuites. »

Ce texte, dont la disposition est contraire à celle de l'ancien droit sur le même point, n'est, ce semble, qu'une application du grand principe posé par l'article 1382. La caution ne doit pas souffrir de la négligence du créancier. Aussi le législateur prend-il soin de déclarer que la disposition ne s'applique que lorsque l'insolvabilité est survenue par défaut de poursuites. Si elle avait été immédiate, le créancier, qui n'aurait rien à se reprocher, n'en serait point responsable, et il pourrait, après la discussion infructueuse, revenir contre la caution. Lors de la rédaction du Code, on avait songé, sur la proposition du premier consul, à fixer à trois mois le délai après lequel le créancier serait considéré comme coupable de négligence. Cette disposition n'est point passée dans la loi, et ce sera au juge à apprécier en fait si l'inefficacité de la discussion est due ou non à la faute du créancier.

La discussion peut être invoquée lors même que les biens du débiteur ne seraient pas suffisants pour payer la dette entière et qu'ils n'en pourraient acquitter qu'une partie. L'article 1244, 1°, qui pose en principe que le créancier ne peut être contraint de recevoir un payement partiel, ne doit pas être considéré comme faisant obstacle à cette solution.

Le créancier à qui la discussion n'aura ainsi fourni

qu'un payement partiel pourra revenir, pour le surplus, contre la caution, lors même qu'elle n'aurait garanti dans la dette qu'une somme égale ou inférieure à celle qu'a produite la discussion. En effet, le but de la caution qui n'a garanti qu'une partie de la dette, a été précisément de prémunir le créancier contre l'insolvabilité partielle du débiteur, et non de l'assurer qu'il recevrait simplement la somme cautionnée, soit du débiteur soit de la caution. La caution ne doit que ce qu'elle a promis, mais elle le doit tant que le débiteur ne s'est pas entièrement acquitté envers le créancier.

Il faudra appliquer aux sommes fournies par la discussion les règles relatives à l'imputation des payements. C'est ainsi que, si la dette est productive d'intérêts, le produit de la discussion devra s'appliquer d'abord aux intérêts (art. 1254), bien que le capital seul eût été garanti par la caution.

II. *Bénéfice de division.* — A l'inverse de ce qui a lieu, en règle générale, pour les débiteurs, vis-à-vis desquels la solidarité ne se présume pas (art. 1202), toutes les cautions d'un même débiteur pour une même dette sont considérées comme solidaires entre elles (art. 2025).

De là, il résulte que celle des cautions qui a payé le tout sans opposer la division, n'a payé que ce qu'elle devait, et qu'elle ne pourrait ensuite répéter ce qu'elle a donné de plus que sa part, car il n'y a point de parts lorsque la division n'a pas été opposée. Mais, puisque l'article 2025 va contre la règle générale et que d'ailleurs il aggrave la situation des obli-

gés, il doit être interprété très-strictement (art. 1162).
Ainsi la solidarité n'aura lieu qu'entre les cautions
de la même dette et du même débiteur. C'est au
principe de la solidarité des cautions, posé par l'article 2025, que le bénéfice de division apporte un
tempérament. Il faut, ce semble, à propos de ce bénéfice, reproduire l'observation qui a déjà été faite à
propos de la discussion; c'est qu'il eût été préférable
de ne pas établir un principe pour l'anéantir aussitôt
en grande partie par une exception. Mieux eût valu
marcher directement vers le but qu'on voulait atteindre et déclarer que le créancier ne pourrait attaquer chaque caution que pour sa part et celle des insolvables, que lui permettre d'attaquer pour le
tout, en autorisant la caution à faire réduire la demande par voie d'exception. Ce sentiment, qui était
déjà dans l'ancien droit, celui de Bourjon (Dr. commun de la France, l. 6, t. 1, ch. 5, sect. 1, n⁰ˢ 4
et 5), se fit jour dans les observations du tribunat :
« Il serait plus simple, y fut-il dit, que la division
eût lieu de plein droit toutes les fois qu'il n'y aurait
pas de renonciation. Si la caution peut obtenir ce bénéfice dans un temps, on ne voit pas pourquoi elle ne
l'aurait pas dans un autre; ou, au contraire, s'il répugne que la division ait lieu de plein droit, parce
que chaque caution s'est obligée pour le tout, cette
raison devrait également empêcher qu'en aucun
temps le bénéfice de division pût être accordé. » Toutefois, ce serait, ce semble, une erreur d'admettre
qu'une fois le bénéfice opposé, les cautions cessent
absolument d'être solidaires entre elles et que l'ar-

ticle 2025 ne s'applique plus. Le bénéfice relâche les liens de la solidarité, mais il ne la détruit pas entièrement; on en trouve une preuve dans la seconde partie de l'article 2026, où il est dit que les cautions solvables devront acquitter la part des insolvables.

Qui peut opposer le bénéfice de division. — Il ne peut s'appliquer qu'aux cautions qui sont atteintes par la solidarité de l'article 2025, c'est-à-dire à celles qui ont cautionné la même dette et le même débiteur. Ainsi, si plusieurs débiteurs solidaires ont chacun fourni une caution particulière, ces diverses cautions n'auront pas entre elles le bénéfice de division (art. 2025) (1). Mais si le même débiteur a fourni pour la même dette deux cautions par actes séparés, elles n'en auront pas moins, l'une et l'autre, la faculté d'opposer la division, puisqu'elles sont dans le cas prévu par les articles 2025, 2026, 1°, — lesquels n'exigent nullement que les diverses cautions soient obligées par un seul et même acte. Ce serait, ce semble, une erreur de décider que, de ces deux cautions, la première ne peut opposer la division parce qu'elle n'a pu y compter lorsqu'elle s'est engagée, et que la seconde ne le peut que si elle a eu connaissance du premier cautionnement et l'a mentionné dans l'acte qui constate sa propre obligation. Il va sans dire que les certificateurs de la même caution peuvent invoquer les uns vis-à-vis des autres le bénéfice de division.

(1) En ce sens : Pothier, Oblig., n° 119. — En sens contraire : Troplong, sur l'article 2026.

Il se peut que, bien qu'il s'agisse de cautions du même débiteur pour la même dette, le bénéfice de division n'existe pas. Cela a lieu quand la caution y a renoncé. La renonciation est expresse ou implicite :

1° La renonciation expresse peut intervenir soit lors de l'engagement, soit postérieurement;

2° La renonciation tacite résulte de ce que la caution s'est obligée solidairement.

Si elle s'est obligée solidairement avec le débiteur principal, l'article 2021 amène à lui refuser aussi bien l'exception de division que celle de discussion. Tel est le cas du donneur d'aval (art. 142, Code comm.).

Si les cautions sont solidaires entre elles, sans l'être avec le débiteur principal, elles n'ont pas non plus le bénéfice de division, bien qu'elles aient dans ce cas l'exception de discussion. Plusieurs interprètes de l'ancien droit refusaient aux cautions judiciaires le bénéfice de division. Aujourd'hui, la solution inverse doit être admise, car l'article 2042 ne leur enlève que la discussion. Or, « qui de uno dicit, de altero negat. »

Contre qui la division peut être opposée. — Elle peut l'être contre les cautions du même débiteur et de la même dette, même contre celles qui se seraient engagées solidairement avec le débiteur; car la solidarité, qui empêche une caution de demander la division, ne fait pas qu'on ne puisse la lui opposer. La caution ne peut demander la division avec son certificateur, parce que s'ils sont cautions de la même dette, ils ne le sont pas du même débiteur; l'un l'est du débiteur principal, l'autre de la caution. Réciproquement, le certificateur ne peut demander la division entre lui et la caution qu'il garantit, car elle joue à son égard le rôle de débiteur principal, et c'est la discussion qu'il doit demander contre elle. Mais le certificateur pourra-t-il demander la division entre lui et les cofidéjusseurs de celui qu'il a certifié? Il ne le pourra point de son chef, car ils ne sont pas cautions du même débiteur ; mais il le pourra du chef de la caution, car il a le droit de se servir des exceptions que la caution aurait pu opposer autres que celles qui sont purement personnelles (art. 2036).

Plusieurs auteurs anciens voulaient qu'on ne pût opposer la division à l'encontre du fidéjusseur qui est à l'étranger ; car sa poursuite serait fort préjudiciable au créancier (1). Depuis la rédaction du Code, la même solution a été présentée, mais restreinte au cas où le fidéjusseur qui est à l'étranger n'a pas de biens en France (2). Cette distinction semble devoir être écartée. Le législateur n'ayant fait, pour ce cas, aucune exception au principe, la caution pourra invoquer la division (3). Le créancier a dû prendre ses précautions quand il a accepté un semblable fidéjusseur.

Si l'obligation d'une caution est pure et simple, comme celle du débiteur, et que l'obligation de l'autre soit à terme ou sous condition, la première ne perd pas pour cela le droit de demander la division,

(1) Pothier, Oblig., n° 423.
(2) Troplong, sur l'article 2026.
(3) Bugnet, notes sur Pothier, t. II, p. 229, note 2.

car elle n'est pas en dehors des termes de l'article 2026. Seulement, si la condition ne se réalise pas, la seconde caution étant censée n'avoir jamais été obligée, le créancier pourra poursuivre de nouveau la première pour le surplus de la dette.

Article 2027. « Si le créancier a divisé lui-même et volontairement son action, il ne peut revenir contre cette division, quoiqu'il y eût même, antérieurement au temps où il l'a ainsi consentie, des cautions insolvables. »

Le créancier montre ainsi qu'il entend renoncer à la solidarité établie par l'article 2025; mais il n'en perd le bénéfice que pour celle des cautions à l'égard de laquelle il a divisé son action; il peut demander le tout aux autres, déduction faite de la part de la première et de la portion qu'elle aurait eu à supporter dans les solvabilités antérieures.

Quant à l'époque où la division se trouve définitivement opérée par le créancier, il faut faire une distinction : si les cautions sont solidaires avec le débiteur, il faut leur appliquer l'article 1211, auquel renvoie implicitement l'article 2021, puisqu'il s'agit du bénéfice de division à propos duquel cet article 2021 a été écrit, et dire que la division ne sera opérée que par l'acquiescement ou la condamnation de la caution solidaire. Quant aux cautions ordinaires, le créancier ne pourra plus revenir sur la division, aussitôt qu'il aura conclu au payement divisé, n'y eût-il eu ni acquiescement ni condamnation.

Conditions d'exercice du bénéfice de division. — Le bénéfice de division, non plus que celui de discussion, n'a pas lieu de plein droit; le juge ne pourrait le suppléer d'office. Il doit être opposé par la caution, et cela sur des poursuites dirigées contre elle. Une des cautions ne pourrait être admise à payer sa part au créancier qui n'agit point contre elle. Elle ne peut, en pareil cas, lui offrir valablement que le montant intégral de la créance (1). A l'inverse de ce qui a lieu pour le bénéfice de discussion, il faut admettre que le bénéfice de division forme dans notre droit une exception péremptoire; la caution peut l'opposer, non-seulement sur les premières poursuites, mais en tout état de cause, c'est-à-dire :

1° Si la poursuite est judiciaire, tant que la décision peut être réformée par quelque voie que ce soit. Il a déjà été dit que ce système qu'on doit adopter, parce que telle paraît bien avoir été la volonté du législateur, n'est que le résultat d'une erreur des anciens interprètes du droit romain sur la loi 10, § 1, Cod., *de fidej.* (8-41), erreur qui avait passé dans le droit coutumier.

2° Si la poursuite est extrajudiciaire, il faudra admettre l'exception de division non-seulement jusqu'à la vente, mais même jusqu'à ce que les deniers en provenant aient été distribués (2).

La caution n'est pas tenue, quand elle oppose la division, d'indiquer les biens des autres cautions, comme elle est tenue d'indiquer ceux du débiteur lorsqu'elle oppose la discussion. Elle ne doit pas non plus avancer les frais de poursuites.

(1) Dumoulin, Tr. de div. et Indiv., pars 2ª, 51, 55, 56.
(2) Troplong, sur les articles 2025, 2026.

Effets de la division. — L'effet de la division est de partager la dette entre toutes les cautions solvables par elles-mêmes ou par leur certificateur, au moment où elle est prononcée (art. 2026, 2°). Les cautions insolvables ne sont point comptées. Dans l'expression : cautions insolvables, il faut comprendre non-seulement celles qui ne peuvent faire face à leur engagement, mais aussi celles qui, à raison de leur incapacité, n'ont pas contracté une obligation valable, et ne peuvent être poursuivies par le créancier. En somme, cette expression doit comprendre toutes les cautions par lesquelles le créancier ne peut se faire payer sans qu'il y ait faute de sa part.

Le créancier à qui la division a été opposée n'est pas admis à demander à une autre caution toute la dette, déduction faite de la part de celle qui a opposé le bénéfice. A l'inverse de ce qui a lieu dans le cas où le créancier a volontairement divisé son action, l'exception, une fois invoquée, a un effet absolu, et toutes les cautions qui auraient eu droit de l'opposer peuvent s'en prévaloir ; celle qui l'a demandée a été mandataire des autres pour diminuer leur obligation. Cette solution ressort des termes mêmes de l'article 2026 — 1°, qui veut que : « le créancier divise... son action, et la réduise à la part et portion de chaque caution. »

Article 2026 — 2° : « Lorsque, dans le temps où une des cautions a fait prononcer la division, il y en avait d'insolvables, cette caution est tenue proportionnellement de ces insolvabilités ; mais elle ne peut plus être recherchée à raison des insolvabilités surve-

nues depuis la division. » Pour ces dernières insolvabilités, le créancier a une faute à se reprocher. Il aurait dû agir immédiatement; il eût ainsi obtenu son
payement intégral.

Si, lorsque la division est opposée, la caution avec
qui elle est demandée a terme ou condition, et que
lorsque la condition se réalise, ou à l'échéance du
terme, cette caution se trouve insolvable, sera-ce au
créancier à supporter cette insolvabilité? L'article 2020 — 2°, semble décider l'affirmative; mais la
négative doit être considérée comme mieux fondée.
L'article 2020 ne prévoit que le cas de cautionnement
pur et simple; s'il y a terme ou condition, il ne faut
pas que le créancier qui ne peut agir *pendente die
aut conditione* souffre d'une insolvabilité arrivée pendant ce temps, bien que la division ait été opposée
par le cofidéjusseur. Ce n'est qu'à dater de l'échéance
du terme ou de la condition que l'insolvabilité qui
peut survenir est à sa charge.

Le bénéfice de cession d'actions que l'ancien droit
avait admis, à l'imitation du droit romain, est rem-
placé dans le Code civil par l'institution de la subrogation légale dont il sera question dans la section suivante.

SECTION II. *Effets du cautionnement entre la caution et
le débiteur.*

La caution qui a payé le créancier a un recours
contre le débiteur principal. Elle peut même, en certains cas, recourir contre lui avant d'avoir acquitté

la dette (art. 2032). De là la division de cette matière en deux parties.

I. *Recours après payement.*

Qui peut exercer ce recours. — Il appartient à toute caution, même à celle qui se serait obligée, malgré la défense du débiteur principal. Le système du droit romain était trop rigoureux; il ne doit pas être suivi. Il n'y a aujourd'hui de différence entre la caution qui s'est obligée de l'aveu du débiteur, et celle qui s'est obligée malgré sa défense, qu'au point de vue de l'étendue du recours et des actions au moyen desquelles il s'exerce.

Cas dans lesquels le recours a lieu. — Pour qu'il puisse s'exercer : 1° Il faut qu'il y ait eu un payement (art. 2028); le mot : payement, doit s'entendre ici *lato sensu*, de tout acte qui éteint la dette et libère le débiteur par le moyen de la caution; il comprend la compensation entre le créancier et la caution, la *datio in solutum* de la part de celle-ci, la remise faite par le créancier à la caution, pourvu que ce soit en sa considération personnelle.

2° Il faut que le payement ait été bien fait, et qu'il ait libéré le débiteur. De là la disposition de l'article 2031. — 1° « La caution qui a payé une première fois, n'a point de recours contre le débiteur principal qui a payé une seconde fois, lorsqu'elle ne l'a point averti du payement par elle fait; sauf son action en répétition contre le créancier (1). »

(1) Cette disposition est prise de Bourjon. Dr. commun de la France, l. VI, t. I, ch. v, n° 18.

L'avertissement dont parle le texte n'a pas besoin d'être fait par notification, mais ce sera à la caution à en prouver l'existence, si elle est contestée.

Article 2031 — 2°. « Lorsque la caution aura payé sans être poursuivie, et, sans avoir averti le débiteur principal, elle n'aura point de recours contre lui, dans le cas où, au moment du payement, ce débiteur aurait eu des moyens pour faire déclarer la dette éteinte; sauf son action en répétition contre le créancier. »

Il ressort des premiers mots du texte, que si la caution n'avait payé que sur les poursuites du créancier, elle pourrait recourir contre le débiteur principal, lors même qu'elle ne l'aurait pas averti avant de payer, et qu'il aurait eu des moyens pour faire déclarer la dette éteinte(1).

Si la caution sait que le débiteur a des moyens de faire déclarer la dette éteinte, et qu'il lui répugne de les opposer, comme par exemple la prescription; elle devra mettre le débiteur en cause, pour qu'il agisse lui-même comme il le trouvera bon.

La caution qui paye malgré une exception purement personnelle à l'obligé principal, ainsi qu'elle peut y être contrainte, n'est pas destituée de tout recours contre le débiteur, mais elle ne peut agir contre lui, que dans la mesure dans laquelle il a profité du contrat, à moins qu'elle n'eût reçu de lui un mandat valable de cautionner.

L'article 2031, dans les cas où il refuse à la cau-

(1) Domat, L. civ., l. III, t. 4, sect. 3, § 7.

tion tout recours contre le débiteur, lui réserve l'action en répétition contre le créancier.

Il faut toutefois observer qu'elle n'aurait même pas cette action, si la dette éteinte civilement avait conservé le caractère de dette naturelle, car la répétition de ce qui était dû naturellement n'est pas admise.

Il va sans dire que la caution qui paye sans opposer des exceptions à elle propres résultant de son incapacité, ou d'un vice du cautionnement, n'en a pas moins son recours contre le débiteur principal.

3° Il faut que le payement soit prouvé.

Ce sera au débiteur à établir, s'il y a lieu, que le payement ne lui a pas été utile.

Étendue du recours. — La caution a droit de réclamer : 1° Tout ce qu'elle a payé en cette qualité en capital et intérêts (art. 2028, 2°). Mais rien que ce qu'elle a réellement payé et non le montant nominal de la créance, s'il est supérieur à ce qu'elle a en effet donné au créancier. C'est là une différence entre la situation de la caution et celle d'un cessionnaire.

2° En ce qui concerne les frais, la caution pourra se faire rembourser par le débiteur, dans tous les cas, ceux de la première demande, et de plus, ceux par elle faits depuis qu'elle a dénoncé au débiteur principal les poursuites dirigées contre elle. L'article 2028, 2°, qui ne mentionne que ces derniers et qui ne parle point de ceux de la première demande, est évidemment inexact, car avant de savoir qu'elle était poursuivie, et surtout avant de l'être, la caution n'en pouvait donner avis au débiteur.

3° De plus, elle a droit aux intérêts des sommes par elle ainsi avancées. Quant à savoir à dater de quel moment ces intérêts courent, il ne peut s'élever de difficulté s'il y a mandat du débiteur. En vertu de l'article 2001, ils seront dus à dater du jour de l'avance constatée. S'il n'y a pas mandat la question est discutée, et elle l'était déjà dans l'ancienne jurisprudence. Il faut, ce semble, décider que les intérêts sont dus à compter du jour de l'avance constatée.

Bien que la dette acquittée par la caution se composât de capital et intérêts, il n'y a pas anatocisme de sa part, à exiger l'intérêt de ses déboursés, car l'ensemble de ces déboursés forme pour elle un capital, une seule masse (art. 1155, 2°).

Pour le même motif, il faut décider que la caution pourra pendant trente ans réclamer du débiteur les intérêts qu'elle a payés au créancier, bien qu'en principe les intérêts se prescrivent après cinq ans (art. 2277). Ce qu'elle a payé est en effet considéré par rapport à elle comme capital.

4° Enfin la caution a droit à des dommages-intérêts pour les inconvénients résultant du payement (art. 2028) (1). Le juge les fixera de manière que le cautionnement ne soit pour le fidéjusseur, ni une cause de profit, ni une cause de perte. Ces dommages

(1) C'est ce que disaient déjà les Etabliss. de Saint Louis, l. I, ch. CXVIII.

seront dus s'il y a lieu, même à la caution qui s'est engagée à titre onéreux; il ne faudra pas lui appliquer, non plus qu'à la caution obligée gratuitement, l'article 1153, suivant lequel on ne pourrait lui accorder pour tous dommages que les intérêts des sommes par elle déboursées. En effet, le législateur dans l'article 1153 lui-même, prend soin de dire que ce texte n'est pas applicable au cautionnement, sans distinguer s'il est ou non gratuit; et l'article 2028 — 3°, n'a pas un sens moins général (1).

A quelle époque le recours peut avoir lieu. — Il ne peut s'exercer qu'à compter de l'échéance de la dette. Du moment où le créancier aurait pu agir contre le débiteur principal, la caution le peut aussi. Si la caution a payé avant l'échéance, il semble qu'elle n'aura droit à l'intérêt de ses avances qu'à compter du jour où le débiteur principal a eu intérêt à l'acquittement de la dette.

Contre quels débiteurs s'exerce le recours. — Contre les mêmes personnes vis-à-vis desquelles la caution pure et simple attaquée par le créancier aurait pu demander la discussion. Quand il y a plusieurs débiteurs solidaires, la caution peut donc recourir contre eux. Mais il faut faire une distinction, pour fixer la quotité de ce recours contre chacun d'eux.

1° Il y a plusieurs débiteurs solidaires, et la caution a donné pour tous sa garantie; elle pourra recourir contre celui qu'il lui plaira de choisir pour le total de ce qui lui est dû, car c'est là la règle ro-

____

(1) En sens contraire : Delvincourt, t. III, p. 192, note 7.

lativement à ceux qui sont tenus pour d'autres
(art. 2030).

2° Il y a plusieurs débiteurs solidaires, et la caution n'a donné sa garantie que pour un ou pour quelques-uns d'entre eux. Contre celui ou ceux qu'elle a
garantis, elle peut agir pour le tout, car elle était
obligée pour eux, et on se trouve d'ailleurs dans les
termes de l'article 2030. Contre celui ou ceux qu'elle
n'a pas cautionnés, elle ne pourra recourir que pour
leur part, augmentée de la portion des insolvables,
s'il y en a (art. 1214), car elle est tenue avec eux
et non pas pour eux, et les termes de l'article 2030
montrent jusqu'à l'évidence que sa disposition n'est
pas applicable en ce cas.

Ces solutions s'appliquent à la caution solidaire. Il
est vrai que de l'article 1214, auquel semble, pour
cette caution, renvoyer l'article 2021, il faudrait
conclure que la caution solidaire ne pourra recourir
que pour leur part, plus la portion des insolvables,
contre les débiteurs qu'elle a cautionnés. Mais il a
déjà été expliqué que cet article 2021 ne doit être
entendu que *secundum subjectam materiam*, c'est-
à-dire entre le créancier et la caution, et à propos
des bénéfices de discussion et de division qui sont re-
fusés à la caution solidaire.

Par quelles voies s'exerce le recours de la caution. —
Elle a, dans ce but, plusieurs actions. Et d'abord,
sans avoir à distinguer suivant que la caution s'est
engagée sur le mandat du débiteur, ou à son insu,
ou malgré sa défense, elle est légalement subrogée
au créancier.

A. *Subrogation légale.* — Les rédacteurs du Code, plus libres dans leurs innovations que ne l'avaient pu être les interprètes de l'ancien droit, ont introduit dans la loi le système de la subrogation légale (art. 1251), et la caution qui paye profite de cette subrogation (art. 2029). Il serait hors de propos d'étudier ici la matière de la subrogation; il semble cependant nécessaire de résoudre le point de savoir si la subrogation transmet à la fois la créance du subrogeant avec les accessoires, ou seulement les accessoires, qui iraient se joindre à la créance du subrogé. Il faut admettre, conformément à la tradition juridique, que le subrogé se trouve investi de la créance même du subrogeant, et qu'il y a là une véritable cession soumise à des règles particulières.

L'article 1250 impose cette solution lorsqu'il parle de subrogation aux *droits* et *actions.*

Les articles 874 et 2019 sont conçus dans les mêmes termes. Enfin l'article 159 du Code de commerce est encore plus explicite.

De ce que c'est l'action du créancier qu'acquiert la caution qui est subrogée, il faut conclure :

1º Qu'elle se prescrira, non pas par trente ans depuis la subrogation, mais par le temps qui manquait encore pour que la prescription fût accomplie vis-à-vis du créancier;

2º Que le subrogé pourra profiter du caractère exécutoire qui avait été imprimé à la créance avant la subrogation.

On est d'accord de deux points :

1º Que le subrogé, n'ayant pas fait comme le cessionnaire, une spéculation, ne pourra, à l'inverse de celui-ci, agir que pour ce qu'il a réellement payé, et non pour le montant nominal de la créance;

2° Que le créancier ne doit aucune garantie au subrogé, à l'inverse de ce qui a lieu pour le cessionnaire.

Par l'action de la subrogation, la caution ne peut recourir contre le débiteur principal que pour ce qui a été payé au créancier, capital ou intérêts. Quant aux intérêts des sommes qu'elle a avancées, aux dommages qui peuvent lui être dus, c'est par une autre action qu'elle devra en poursuivre le payement. Elle ne peut non plus, par l'effet de la subrogation, causer aucun préjudice au créancier. L'article 1252 lui sera applicable pour le cas où elle n'aurait fait qu'un payement partiel; elle ne pourra agir contre le débiteur qu'après que le créancier aura été désintéressé. Cet article 1252, qui semble impossible à justifier pour le cas où le payement partiel a été fait par un tiers étranger à la dette, a, au contraire, toute raison d'être lorsque le payement a été effectué par une caution, car celle-ci étant garante de l'exécution de l'obligation, et le créancier qui n'en a reçu qu'un payement partiel pouvant se retourner contre elle s'il n'obtient pas du débiteur tout le surplus, on ne concevrait pas que la caution pût se faire payer en concurrence avec lui sur les biens du débiteur principal.

La caution subrogée pourra-t-elle profiter des sûretés accessoires de la dette, que le créancier n'aurait obtenues que depuis le contrat de cautionnement? — Dumoulin, à propos de l'obligation où le créancier était de céder les actions, tient la négative (1), et cette opinion se fonde sur ce que la caution, en s'engageant, n'a pas dû compter sur des sûretés qui n'existaient pas encore lors du contrat. Mais l'affirmative semble devoir être préférée; du moment que les sûretés existent, la caution doit pouvoir s'en servir, et on ne voit aucun motif plausible de l'en priver, surtout en présence des expressions générales de l'article 2020.

Il faut observer que la caution subrogée légalement n'aurait aucun intérêt à obtenir la subrogation conventionnelle, car ces deux subrogations ne diffèrent que par leurs causes et non par leurs effets (2).

B. *Actions de mandat et gestion d'affaires.* — Outre l'action du créancier qu'elle acquiert par la subrogation, la caution en a une seconde, plus avantageuse que la première à certains points de vue, moins efficace à d'autres, de façon que leur cumul présente une grande utilité. Cette seconde action diffère suivant que la caution s'est ou non engagée sur la demande du débiteur.

1° La caution s'est engagée à la prière du débiteur; elle a contre lui, dans tous les cas, l'action de mandat;

2° Elle s'est engagée sans que le débiteur l'en ait prié, mais aussi sans qu'il s'y soit opposé; elle a

____

(1) Secunda Lect. Dol., n° 36, *in fine.* « Obligatio cedendi non debet extendi ultra limites qui erant tempore contractus. »
(2) En sens contraire : Duranton, t. XVIII, n° 355.

contre lui l'action de gestion d'affaires, pourvu que l'acte par elle fait ait été utile au débiteur.

L'étendue de cette action est la même que l'étendue de l'action de mandat : la différence consiste en ce que cette dernière peut être intentée lors même que l'accomplissement du mandat n'a été d'aucune utilité pour le mandant, tandis que l'on considère, pour accorder l'action de gestion d'affaires, si la gestion a été ou non utile au maître de l'affaire.

Par ces deux actions, la caution peut réclamer non-seulement ce qu'elle a payé, mais les intérêts de ses avances, et des dommages s'il y a lieu ; elles sont, du reste, purement personnelles. L'action de subrogation est moins étendue : elle n'embrasse que ce qui a été payé au créancier, mais elle est environnée de toutes les sûretés qui appartenaient à ce créancier.

Quant au temps pendant lequel l'exercice de ces actions est possible, il faut aussi observer que l'action née du mandat ou de la gestion d'affaires ne se prescrira que par trente ans à dater du payement de la dette, payement qui lui a donné naissance, tandis que la prescription de l'action de subrogation, qui courait contre le créancier, continuera à courir quand cette action sera passée aux mains de la caution.

C. Si la caution s'est obligée sur le mandat d'un tiers, elle aura à la fois l'action de mandat contre ce tiers, l'action de gestion d'affaires contre le débiteur, si elle ne s'est pas engagée malgré sa défense et si son intervention lui a été utile, et enfin l'action de subrogation.

D. Si la caution s'est obligée malgré la défense du

débiteur, on pourrait, en usant d'une grande rigueur, lui refuser toute action autre que celle de subrogation. Mais il semble plus équitable de lui donner une action *de in rem verso* (1), c'est-à-dire de l'autoriser à agir contre le débiteur dans la mesure de ce dont celui-ci a profité, car personne ne doit s'enrichir aux dépens d'autrui. Cette action ne permettra à la caution de réclamer ni frais, ni intérêts, ni dommages, peut-être même pas toute la somme qu'elle a payée au créancier.

E. Le débiteur étant protégé par une exception purement personnelle, la caution, qui a payé comme elle y était obligée, pourra recourir pour le tout contre ce débiteur, si elle a reçu de lui un mandat valable de cautionner. Si elle n'a pas reçu mandat, qu'elle se soit ou non obligée malgré la volonté du débiteur, elle n'aura contre lui que l'action *de in rem verso*, « de eo quod locupletior factus est. » Quant à la subrogation, elle ne saurait, en ce cas, lui fournir un moyen de se faire payer, car l'action qu'elle transporte au fidéjusseur sera paralysée dans ses mains comme elle l'était dans celles du créancier, par l'effet de l'exception purement personnelle dont le débiteur peut se prévaloir.

II. *Recours sans qu'il y ait eu payement.*

La caution peut, suivant l'article 2032, agir en certains cas avant d'avoir payé, pour se faire indem-

(1) Dig., l. XV, t. 2.

niser par le débiteur. Cette indemnité pourra être fournie de deux manières :

1° Ou bien le débiteur obtiendra du créancier la libération de la caution.

2° Ou bien il remettra à la caution une somme suffisante pour acquitter la dette.

A qui appartient ce recours. — Il semble qu'il ne peut appartenir qu'à la caution qui s'est engagée avec le consentement et sur le mandat du débiteur. Quant à celle qui s'est engagée contre la volonté de celui-ci, ou même à son insu, elle ne peut recourir contre lui que lorsqu'elle l'a libéré, et qu'elle a ainsi utilement géré son affaire. Le 3° de l'article 2032 vient à l'appui de cette solution, car il suppose en accordant le recours que le débiteur s'est mis en rapport avec la caution et s'est engagé vis-à-vis d'elle.

La caution n'est pas destituée de ce recours par cela qu'elle s'est engagée solidairement; l'article 2021 ne fait pas obstacle à cette solution.

En quels cas ce recours a lieu. — Le Code, empruntant à l'ancien droit, a énuméré dans l'article 2032 cinq cas dans lesquels le recours est ouvert à la caution :

1° La caution peut agir contre le débiteur, pour être par lui indemnisée, lorsqu'elle est poursuivie en justice pour le payement (art. 2032, 1°), sans qu'il soit besoin d'attendre qu'elle ait été condamnée. La caution attaquée pourra appeler le débiteur en cause afin qu'il la défende contre le créancier, ou qu'il l'indemnise de la condamnation qui la menace. C'est un cas de garantie simple (art. 183, Code proc.).

2° La caution a encore son recours lorsque le débiteur a fait faillite ou est en déconfiture (art. 2032, 2°). Elle peut alors se présenter au passif de la faillite, tout comme si elle avait payé le créancier de ses deniers. Toutefois il faut observer que ce droit ne peut pas toujours s'exercer. Si le créancier se présente soit à la distribution, soit à l'ordre, la caution ne pourra pas s'y présenter aussi ; car ce serait faire compter deux fois la même dette dans le passif, au détriment des autres créanciers du failli (1). L'article 2032 — 2°, ne recevra donc son application que si le créancier, comptant sur la caution pour être payé, ne se présente pas à la faillite ou à la déconfiture ; la caution y pourra venir à sa place, bien qu'elle n'ait pas encore acquitté la dette.

Si, lors de la faillite, la caution avait déjà payé en partie le créancier, l'article 1252 n'empêche pas qu'elle puisse se présenter à la faillite pour cette partie, le créancier s'y présentant de son côté pour ce qui lui reste encore dû. Si le dividende qu'il reçoit ne suffit pas à le désintéresser complétement, il pourra pour le surplus revenir contre la caution, qui sera cette fois sans aucun recours. C'est ce qu'explique l'article 544 du Code de commerce.

Faut-il pour que la caution puisse recourir avant payement, aux termes de l'article 2032, 2°, qu'il y ait déconfiture entière et complète ?

Le droit romain ne l'exigeait pas ; l'avis de Pothier

____

(1) Pardessus, Cours de dr. comm., n° 1217.

était conforme à cette solution (Oblig., n° 441); il suffisait suivant lui d'un commencement de dilapidation. Il faut décider de même aujourd'hui, malgré ce que peuvent avoir de trop restreint les termes employés dans l'article 2032 — 2°. Dès qu'il a danger, la caution peut agir.

3° Le recours avant payement est ouvert à la caution lorsque le débiteur s'est obligé de lui rapporter sa décharge dans un certain temps (art. 2032 — 3°). La convention doit faire la loi des parties.

4° Le recours peut encore avoir lieu, selon l'article 2032 — 4° : « Lorsque la dette est devenue exigible par l'échéance du terme sous lequel elle avait été contractée. » Cette solution rend inutile celle qui est contenue dans le 1° du même article; en effet, si la caution peut se faire indemniser par le débiteur dès que la dette est exigible, il est fort inutile de dire qu'elle le pourra aussi quand elle sera poursuivie par le créancier, car lorsque la poursuite est intentée, c'est que la dette est exigible. Cette contradiction est le résultat d'une erreur; les rédacteurs du Code puisèrent dans Pothier qui, pour donner le recours à la caution, voulait qu'elle fût poursuivie ; ils puisèrent aussi dans Domat qui, moins rigoureux que Pothier, autorisait le recours à l'échéance du terme, et ils n'observèrent point que si ces deux solutions ne s'excluent pas l'une l'autre, du moins la seconde rend inutile la disposition de la première, puisqu'elle reproduit et étend cette première disposition.

5° Enfin la caution peut recourir contre le débiteur au bout de dix années, lorsque l'obligation principale n'a point de terme fixe d'échéance (art. 2032, 5°). Parmi les obligations qui n'ont pas de terme fixe d'échéance, il faut citer les rentes constituées en perpétuel, les locations faites sans limitation de temps, etc. Dans ces cas, la caution peut se faire indemniser après qu'elle est restée dix ans dans les liens de l'obligation. Dans l'ancien droit où aucun monument législatif ne fixait la longueur du délai, c'était un sujet de controverse. Bartole voulait qu'on le fixât à deux ou trois ans; d'autres jurisconsultes le reportaient jusqu'à trente ans; mais la plupart des interprètes avaient choisi le terme de dix ans que le Code a adopté (Pothier, Oblig., n° 411).

Le recours de la caution ne pourrait avoir lieu, même après dix ans, si l'obligation principale, qui n'a pas de terme fixe d'échéance, n'était pas de nature à pouvoir être éteinte avant un temps déterminé (art. 2032, 5°). Voici comment Pothier justifie cette règle (Oblig., n° 412) : « Lorsque l'obligation à laquelle une caution a accédé doit, par sa nature, durer un certain temps, quelque long qu'il soit, la caution ne peut demander pendant tout ce temps que le débiteur principal l'en fasse décharger; car ayant connu ou dû connaître la nature de l'obligation à laquelle elle accédait, elle a dû compter qu'elle demeurerait obligée pendant tout ce temps. »

C'est sans à propos que le texte de l'article 2032 cite comme exemple de cette situation la caution d'un tuteur, car ce cas de cautionnement sera aussi rare dans notre droit qu'il était fréquent à Rome. Toute-

fois il pourra arriver, par exemple, que la mère tu-
trice qui se remarie soit maintenue dans la tutelle par
le conseil de famille, à charge de donner caution
(art. 395, Code civil). Il faudra encore appliquer la
seconde disposition de l'article 2032 — 5°, et refuser la faculté de se faire libérer, après dix ans, à la
caution d'une rente viagère, d'un usufruit, mais non
à la caution d'une rente constituée, bien que ce dernier point fît difficulté avant la rédaction du Code (1).

L'article 2032 est limitatif, et aucune circonstance
autre que celle qu'il indique ne peut donner à la
caution le droit d'agir contre le débiteur, avant d'a-
voir payé la dette qu'elle garantit.

Section III. — Effets du cautionnement entre les
diverses cautions.

La caution qui a payé a, en certains cas, un recours contre les autres cautions de la même dette et
du même débiteur.

Cas dans lesquels ce recours s'exerce.—D'après l'article 2023, il ne peut avoir lieu que si la caution a acquitté la dette. On ne peut donc admettre entre les
cautions, comme on l'admet vis-à-vis du débiteur, un
recours en indemnité avant payement. Le recours de
la caution étant fondé sur l'idée de la *negotiorum
gestio* et sur celle de subrogation, on ne comprendrait
pas qu'il puisse s'exercer avant que la caution ait accompli le payement qui doit lui donner naissance.

(1) Henrys, Tr. des Cautions, n° 35. — Brillon, Dict. des Arrêts,
v° Caution, n° 66.

Il ne suffit pas de dire que la caution n'a de recours que lorsqu'elle a payé; car d'après l'article 2033 — 2°, le recours n'a lieu que lorsque la caution a payé dans l'un des cinq cas énoncés par l'article 2032. Mais pourvu que la caution soit dans un de ces cas, le recours lui est ouvert; c'est sans juste motif que certains interprètes du Code n'ont voulu lui donner de recours que dans trois des cinq cas indiqués par l'article 2032, à savoir : dans le premier, quand elle est poursuivie en justice pour le payement; dans le second, lorsque le débiteur a fait faillite ou est en déconfiture, et dans le quatrième, lorsque la dette est devenue exigible par l'échéance du terme.

La caution qui a payé même dans un des cas de l'article 2032 ne pourrait recourir contre les autres cautions, si elle a perdu le droit d'agir contre le débiteur principal, en contrevenant à l'une des deux règles posées par l'article 2031. En effet, le payement ayant été mal fait, et cela par la faute de la caution qui l'a effectué, elle en doit supporter toute la charge.

Entre quelles cautions s'exerce le recours. — D'après l'article 2033, 1°, ce n'est qu'entre cautions d'un même débiteur.

Il est vrai que quand plusieurs codébiteurs solidaires ont fourni chacun une caution, celle qui paye a recours contre les débiteurs qu'elle n'a point cautionnés pour leur part dans la dette, et pareillement contre leurs cautions. Mais dans ce cas, les cautions poursuivies sont au lieu et place du débiteur qu'elles ont garanti, et le recours contre elles doit se régler par les principes relatifs au recours de la caution contre les débiteurs, et non au recours des cautions entre elles. Or, il suit de là une différence notable, par exemple, quant aux cas dans lesquels le recours peut être exercé (2033, 2°).

Le recours a lieu contre toutes les cautions du même débiteur sans qu'il y ait à distinguer si elles se sont engagées avant ou après le fidéjusseur qui a acquitté la dette.

Quotité du recours.—Il a lieu contre chaque caution pour sa part, et, s'il y en a d'insolvables, leur part est supportée proportionnellement par toutes les autres, y compris celle qui a acquitté la dette.

Cette situation ne serait en rien changée, lors même que la caution qui agit aurait obtenu du créancier la subrogation conventionnelle. Cette subrogation n'a, en matière de cautionnement, aucun effet qui n'appartienne aussi à la subrogation légale.

Les cautions pures et simples attaquées par le cofidéjusseur qui a payé pourront lui opposer la discussion du débiteur principal comme elles auraient pu l'opposer au créancier auquel il est légalement subrogé.

Quant aux cautions solidaires, bien qu'elles ne puissent opposer la discussion au créancier, elles pourront cependant, de même que les cautions ordinaires, l'invoquer contre leur cofidéjusseur, qui a payé et qui exerce son recours, car la solidarité n'a été consentie que vis-à-vis du créancier, pour lui éviter des longueurs et des complications. La subrogation ne peut donner à la caution qui a payé le droit de repousser la discussion, bien que le créancier le pût, pas plus que la division qu'elle doit souffrir en ce cas, bien que le créancier n'eût point à la craindre.

Par quelles voies s'exerce le recours. — La caution a, contre ses cofidéjusseurs comme contre le débiteur principal, deux actions différentes : celle de subrogation et celle de gestion d'affaires. L'étendue, l'efficacité et la durée de ces actions sont les mêmes à l'égard des cautions qu'à l'égard du débiteur.

SECTION IV. — *Effet du cautionnement entre la caution et les tiers obligés seulement* propter rem.

Deux cas peuvent se présenter qui diffèrent quant à l'origine de l'obligation *propter rem,* mais qui ne semblent pas devoir différer quant à leurs effets. Il se peut :

1° Qu'un tiers ait donné hypothèque sur ses biens pour la dette d'autrui.

2° Ou que le débiteur principal ayant hypothéqué un immeuble à l'acquittement de son obligation, l'ait ensuite aliéné, et que le bien soit passé, grevé de l'hypothèque, aux mains du tiers détenteur.

Dans ces deux cas, il faut admettre que la caution qui a payé aura un recours contre l'obligé seulement *propter rem,* et qu'elle sera subrogée à l'hypothèque du créancier contre lui.

Toutefois, la question est discutée, et des auteurs (1) prétendent que c'est tout au contraire, l'obligé *propter rem*, qui, s'il a payé, pourra se faire indemniser par la caution. Ce qui fait naître la difficulté, c'est que l'article 1251 — 3°, par la généralité de ses termes, subroge également le tiers détenteur qui a payé contre la caution et la caution qui a payé contre le tiers détenteur. Or, comme il naîtrait de là un vrai circuit d'actions, cette solution est inadmissible; il faut nécessairement donner la préférence à l'un des obligés accessoires, et il semble que c'est celui qui est tenu personnellement qu'on devra préférer à celui qui est tenu *propter rem*.— Le principal motif de décider ainsi se tire de l'article 2037, où l'on voit la caution libérée lorsque, par le fait du créancier, sa subrogation aux droits et hypothèques de ce créancier est devenue impossible. N'est-ce pas déclarer que la caution est tenue moins rigoureusement que les obligés *propter rem*, et qu'elle a contre eux un droit de recours, que la libérer lorsque ce recours ne peut plus s'exercer? On ne trouve, au contraire, aucun texte où il soit dit que l'obligé *propter rem* sera libéré si, par le fait du créancier, il ne peut plus être subrogé à ses droits contre les cautions.

L'article 2170 ne saurait fournir un argument solide aux partisans du système contraire. En effet, ce texte n'autorise le tiers détenteur à faire discuter que les autres immeubles hypothéqués à la dette, qui sont aux mains des principaux obligés, c'est-à-dire sur lesquels le créancier a aussi un droit réel; mais

(1) Troplong, sur l'article 2033.

il ne dit point que le tiers détenteur puisse faire discuter indistinctement tous les biens des obligés principaux. Or, il faudrait que le texte dît cela, pour qu'on en pût induire que les obligés personnels sont tenus plus étroitement que les obligés *propter rem*.

On ne peut non plus argumenter dans le même sens de l'article 2023, qui ne veut pas que la caution puisse indiquer au créancier, à qui elle oppose la discussion « les biens hypothéqués à la dette qui ne sont plus en la possession du débiteur. » De ce qu'elle ne peut faire cette indication, il ne faut pas conclure qu'après avoir payé elle ne puisse exercer son recours sur ces biens, comme subrogée aux droits du créancier. C'est uniquement parce que la loi n'a pas voulu que la discussion devînt, pour le créancier, trop longue ou trop difficile, qu'elle a établi la règle restrictive contenue dans l'article 2023. C'est dans un but analogue que le même article 2023 défend à la caution d'indiquer à la discussion les biens du débiteur principal, situés hors de l'arrondissement de la cour impériale du lieu où le payement doit être fait ; et cependant il est bien certain que la caution qui a payé pourra, si elle le juge bon, exercer son recours sur ces biens. Cette prohibition, comme la précédente, n'existe qu'en faveur du créancier et nullement au préjudice de la caution.

Pour ce qui concerne spécialement le tiers qui détient un immeuble hypothéqué par un autre que lui, il y a un motif particulier de décider qu'il n'aura pas de recours contre la caution, qui elle, au contraire, pourra agir contre lui. En effet, s'il a acquis l'immeuble à titre onéreux, il a une faute ou au moins une négligence à se reprocher, il aurait dû recourir à la purge ; la caution, au contraire, n'a rien à se reprocher. Or, de deux personnes qui se trouvent exposées à un dommage, c'est sur celle qui a commis une faute ou au moins une négligence, que le fardeau doit retomber. Que si le tiers détenteur est acquéreur à titre gratuit, s'il a reçu l'immeuble sans en payer la valeur, sa situation est, en ce cas, bien moins favorable que celle de la caution qui cherche à être remboursée, car il lutte pour conserver un gain, *certat de lucro captando ;* tandis que le but de la caution est d'éviter un dommage ; *certat de damno vitando.*

Outre les deux systèmes extrêmes qui viennent d'être examinés, l'un refusant le recours à la caution pour le donner à l'obligé *propter rem,* l'autre le donnant à l'obligé *propter rem* et le refusant au fidéjusseur, cette question a encore donné naissance à deux autres systèmes intermédiaires.

Suivant l'un, la caution et l'obligé *propter rem* sont sur la même ligne, et ils doivent concourir au payement, chacun pour sa part virile. Cette solution n'est pas admissible, car les principes du droit ne permettent pas de déterminer une part virile par rapport à celui qui n'est point personnellement obligé.

Enfin, un dernier système, basé sur le même fondement que le précédent, distingue entre la caution réelle et le tiers acquéreur de l'immeuble hypothéqué. Pour le tiers acquéreur, il ne peut, dans ce système, invoquer la subrogation contre la caution, qui peut l'invoquer au contraire contre lui. Quant à la

caution réelle, elle devra contribuer pour sa portion
virile avec les cautions personnelles. Ce système doit
être écarté, ce semble; d'abord, par le même motif
que le précédent, c'est qu'il n'est pas possible juri-
diquement de déterminer la part virile de celui qui
ne s'est pas obligé personnellement; et, en second
lieu, parce qu'il fait entre celui qui oblige sa chose
pour la dette d'autrui, et le tiers acquéreur d'un
fonds hypothéqué déjà à la dette, une distinction
que rien dans la loi ne peut justifier.

Il semble donc qu'il faut s'en tenir à cette solution,
que la caution étant tenue moins étroitement que
l'obligé *propter rem* aura recours contre lui, si elle a
payé, tandis que l'obligé *re tantum* qui aurait payé le
créancier ne pourra recourir contre la caution.

CHAPITRE VI.

EXTINCTION DU CAUTIONNEMENT.

Le cautionnement finit, ou bien par des causes qui
l'atteignent directement, ou bien il disparaît accessoirement, à la suite de l'obligation principale.

Extinction du cautionnement indépendamment de l'extinction de l'obligation principale.

L'obligation qui résulte du cautionnement prend fin
par les modes généraux d'extinction des obligations
(art. 2034). De plus, son caractère particulier est la

cause qu'il s'éteint par certains modes qui lui sont propres.

I. *Modes généraux d'extinction.* — Ils sont indiqués par l'article 1234 à propos des obligations en général.

1° Le payement fait par la caution éteint sa dette, et il libère le débiteur et les cofidéjusseurs envers le créancier; mais, en vertu de la subrogation, il les laisse obligés envers la caution qui a payé. La consignation effectuée conformément aux articles 1261, 1262, Code civil, aura le même effet que le payement.

2° Le cautionnement s'éteint encore par la novation intervenue entre le créancier et la caution; en ce cas, ni le débiteur ni les autres cautions ne profitent de cette extinction.

3° Le cautionnement s'éteint par la remise que le créancier fait au fidéjusseur. Si la remise porte sur le cautionnement, le débiteur et les autres cautions restent tenus (art. 1287). Il en est de même si le créancier a remis la dette à la caution dans le but de lui faire une libéralité; c'est alors envers elle que le débiteur et les cautions se trouvent obligés. Mais, dans ces deux cas, la remise ayant préjudicié aux cautions et diminué les sûretés auxquelles elles devaient être subrogées, elles seront libérées jusqu'à concurrence de ce préjudice en vertu de l'article 2037, et le demandeur ne pourra exiger d'elles la portion qu'aurait dû supporter la caution à qui remise a été faite. Si la remise de la dette consentie à la caution l'a été d'une façon absolue, tous les obli-

gés sont libérés. Il se peut que la remise du cautionnement ne soit accordée par le créancier que
moyennant une indemnité payée par la caution.
L'article 1288 décide en ce cas que : « Ce que le
créancier a reçu d'une caution pour la décharge de
son cautionnement doit être imputé sur la dette, et
tourner à la décharge du débiteur principal et des
autres cautions. » Cette disposition consacre une véritable injustice. La somme reçue par le créancier
n'est pas, en effet, une partie de la dette ; c'est le
prix du risque qu'il consent à courir en libérant la
caution. Si on impute ce prix sur la dette, le créancier se trouve avoir couru un risque sérieux sans aucune compensation, et par contre, la caution a été
libérée de son engagement sans qu'il lui en coûte
rien, car la somme par elle donnée au créancier
ayant profité au débiteur, nul doute qu'elle puisse la
répéter contre lui.

4° Entre le créancier et la caution, la compensation n'opère pas de plein droit, par exception au
principe de l'article 1290. Ce qui l'établit, c'est le
second alinéa de l'article 1294, où il est dit que le
débiteur ne peut opposer la compensation de ce que
le créancier doit à la caution Or si la compensation
avait eu lieu *ipso jure*, par suite de la simple coexistence des deux obligations, la dette serait éteinte, et
le débiteur libéré pourrait se prévaloir de cette extinction. Mais il n'y a lieu entre le créancier et la
caution qu'à une compensation reconventionnelle
(Ponsot, n° 314).

5° La confusion opérée entre la caution et le créancier éteint le cautionnement, mais laisse subsister la dette (art. 1301, 2°).

Si la caution avait déjà fait un payement partiel, le créancier, sur la tête de qui s'opère la confusion, pourra recourir pour cette partie contre le débiteur, tout comme la caution aurait pu le faire. Outre la confusion qui s'opère entre le créancier et la caution, il peut y en avoir une autre entre la caution et le débiteur. Celle-ci n'est qu'improprement appelée confusion, et n'a point les effets de la première, car elle n'intervient pas, comme le veut l'article 1300, entre créancier et débiteur, mais entre deux débiteurs, l'un principal, l'autre accessoire. Cette confusion n'éteint évidemment pas la dette, mais fera-t-elle disparaître le cautionnement? L'affirmative était admise en droit romain (Loi 38, § ult., *de solutionibus*, Dig., 46-3).

Mais la négative semble mieux fondée et elle était déjà dans l'ancien droit proposée par Pothier (Pandect. Just., t. 3, p. 374, n° 121). C'est aussi le système que le Code a adopté ; on le voit par la disposition de l'article 2035, d'après lequel la confusion entre le débiteur et la caution n'éteint point l'action du créancier contre celui qui s'est rendu caution de la caution. Qu'est-ce à dire, sinon que le premier cautionnement subsiste ; car comme il joue, par rapport au certificateur, le rôle de dette principale, s'il avait disparu, le certificateur cesserait immédiatement d'être obligé.

De ce que le cautionnement subsiste en ce cas, il résulte que les hypothèques qui le garantissaient subsisteront ainsi que toutes les autres sûretés accessoires. Si le débiteur principal avait une exception purement personnelle, il en résulte encore que la caution qui lui succède n'en demeure pas moins tenue comme caution. Et réciproquement, si c'est le débiteur ayant une exception purement personnelle qui succède à la caution valablement obligée, il pourra bien se servir de son exception comme débiteur, mais il sera valablement poursuivi *ex causa fidejussoria*.

6° Le cautionnement ne s'éteint point directement par la perte de la chose due; la caution, en ce cas, n'est libérée qu'avec le débiteur et par suite de la disparition de la dette principale.

7° Le cautionnement s'éteint à suite d'annulation ou rescision, et ce mode d'extinction est sans influence sur la dette principale et sur l'obligation des autres cautions.

8° Il en est de même si la condition résolutoire sous laquelle le cautionnement aurait été contracté vient à se réaliser.

9° Le cautionnement ne peut s'éteindre par prescription directement et indépendamment de l'obligation principale; car d'après l'article 2250, Code civil, l'interpellation faite au débiteur principal ou sa reconnaissance interrompt la prescription contre la caution. Faut-il admettre que, réciproquement, l'interpellation faite à la caution ou sa reconnaissance interrompt la prescription contre le débiteur principal ? Il semble que non; car l'article 2250 n'en dit rien et c'est le cas d'appliquer la maxime : « Qui de uno dicit, de altero negat. » Mais, de plus, il est de principe que la caution a qualité pour libérer le débiteur, mais non pour perpétuer son obligation ; dès lors il faut admettre que l'interruption de prescription à l'égard de la caution est sans effet vis-à-vis du débiteur. Et une fois cette solution reçue, on est conduit à dire que l'interruption à l'égard de la caution n'a aucun effet, car elle n'empêche pas le débiteur de prescrire ; or, dès que le débiteur sera libéré par prescription, la dette n'existant plus, la caution se trouve forcément libérée.

Quel effet produira, soit sur le cautionnement, soit sur la dette principale, le serment prêté ou refusé par la caution, la chose jugée pour ou contre elle, et enfin la transaction intervenue entre elle et le créancier, sur l'existence ou la quotité de la dette principale ? Le principe qui domine cette matière, et qui y doit toujours servir de guide, c'est que la caution a qualité pour libérer le débiteur principal, mais non pour perpétuer ou augmenter son obligation. De ce principe résulteront les solutions qui suivent :

1° Suivant l'article 1365 — 5°, le serment déféré à la caution profite au débiteur principal. Il faudra, au contraire, décider que le serment refusé par la caution, ou prêté par le créancier vis-à-vis de la caution, n'est pas opposable au débiteur principal.

2° Ce qui vient d'être dit du serment entraîne les solutions relatives à la chose jugée, car le serment n'a la force que la loi lui accorde que précisément par la décision judiciaire qui vient le confirmer. Lors

donc que l'article 1365 — 5°, déclare que le serment
prêté par la caution profite au débiteur, il déclare
par là même implicitement que la chose jugée en
faveur de la caution profite au débiteur principal.
Merlin s'est prononcé toutefois pour la solution contraire dans ses Questions de droit (V° chose jugée,
§ 18). Quant à la chose jugée contre la caution,
elle n'est pas opposable au débiteur.

3° La transaction intervenue entre le créancier et
la caution, soit sur l'existence, soit sur la quotité de la
dette, pourra être invoquée par le débiteur si elle lui
est favorable, et il pourra, au contraire, la repousser
si elle lui est désavantageuse.

Dans les trois cas dont il vient d'être question,
toutes les fois que le débiteur peut invoquer l'acte
de la caution, ses cofidéjusseurs le peuvent aussi.

Il est évident que le serment, la chose jugée ou la
transaction intervenus sur le fait ou la quotité du
cautionnement ne peuvent en rien profiter au débiteur principal, puisque l'obligation dont il est tenu,
n'a pas été mise en jeu (art. 1365, 6°).

II. *Modes d'extinction propres au cautionnement.* —
1°—Article 2037 : « La caution est déchargée, lorsque
la subrogation aux droits, hypothèques et priviléges
du créancier, ne peut plus, par le fait de ce créancier,
s'opérer en faveur de la caution. » La loi elle-même
indique le motif de cette disposition ; il est dans le
droit que la caution a d'être subrogée par le créancier quand elle acquitte la dette ; lorsque cette subrogation ne peut plus avoir lieu, la loi par forme de
compensation autorise la caution à ne pas faire un

payement qui lui serait par trop préjudiciable. Le créancier qui s'est mis dans l'impossibilité de fournir à la caution le bénéfice de la subrogation, se trouvera frappé par la grande règle de l'article 1382. Telle est l'origine de la disposition de l'article 2037. Il ne semble pas exact de dire, comme on l'a fait cependant, que cette règle est une suite et une conséquence, non point de la subrogation, mais du bénéfice de discussion; que, si la caution est libérée au cas de l'article 2037, ce n'est pas parce qu'elle ne peut plus être subrogée, mais parce qu'elle ne pourrait plus opposer utilement la discussion du débiteur, le créancier ayant perdu ses hypothèques et ses privilèges contre lui (1). Ce second système a, il est vrai, l'avantage de rendre facile la solution d'une question subsidiaire, celle de savoir si l'article 2037 s'applique ou non aux cautions solidaires. Dans ce système, en effet, on raisonne ainsi : L'article 2037 étant une suite du bénéfice de discussion, ne doit s'appliquer qu'aux cautions qui profitent de ce bénéfice; les cautions solidaires qui ne l'ont pas, ne peuvent donc se prévaloir de l'article 2037. Mais de ce qu'il permet de résoudre cette question, il n'en faut pas pour cela moins conclure que ce système n'a rien d'exact. C'est en vue de la subrogation que l'article 2037 a été écrit, et le texte même le prouve, car il la mentionne comme étant le motif de la disposition; si l'article 2037 avait réellement le sens qu'on veut lui donner, il ne devrait mentionner comme li-

(1) En ce sens : M. Troplong, sur l'article 2037.

bérant la caution, que la perte des sûretés fournies par le débiteur, et pouvant faciliter sa discussion; tandis qu'il s'exprime de la façon la plus générale. Ceci posé, le bénéfice de l'article 2037 doit-il être restreint aux cautions simples, ou faut-il l'étendre aux cautions solidaires avec le débiteur? Les cautions solidaires semblent devoir en profiter, car les termes généraux de l'article 2037 ne nous autorisent à faire aucune distinction. Cet article, en effet, doit s'appliquer à tous les cas où la caution est subrogée; or, la caution solidaire profite de la subrogation aussi bien que la caution simple. Lors même qu'on voudrait prendre l'article 2021 dans son sens le plus large et qu'on assimilerait entièrement la caution solidaire au codébiteur solidaire qui ne profite pas de l'article 2037, la solution qui vient d'être donnée se soutiendrait néanmoins. On peut dire, en effet, que ce que règle l'article 2037, ce n'est pas une question d'étendue de l'engagement de la caution, mais une question d'étendue de l'engagement que le créancier prend envers la caution de lui conserver les sûretés qui entourent et fortifient la créance.

A l'inverse, l'article 2037 ne semble pas devoir s'appliquer aux obligés *propter rem*, pas plus à ceux qui ont fourni hypothèque pour la dette, qu'aux tiers qui ont acquis un immeuble déjà hypothéqué à la dette. Il est bien vrai que ces personnes, si elles payent, ont droit à la subrogation en vertu de l'article 1251 — 3°, et par ce point, elles rentrent dans le cercle d'application de notre article; mais elles s'en écartent d'un autre côté, car l'article 2037 ne s'occupe que des cautions, c'est-à-dire, dans le sens vrai et ordinaire de ce mot, des personnes qui se sont personnellement engagées; or, le tiers détenteur n'est pas dans ce cas, non plus que celui qui a fourni hypothèque, bien qu'on le traite parfois de caution réelle. L'article 2037 ne leur sera donc pas applicable.

La caution est libérée, lorsque la subrogation est devenue impossible par le fait du créancier. Mais il semble qu'il faut prendre le mot *fait*, dans son sens le plus étendu, et l'appliquer à l'omission, aussi bien qu'à l'action; et le motif en est que dans un cas, comme dans l'autre, la caution a également besoin de secours, et en est également digne.

Mais la caution demeure tenue, si c'est par le fait d'un autre que le créancier que les sûretés qui accompagnaient la créance ont été perdues, comme si le conservateur a omis d'effectuer l'inscription dont il était requis; car si, en ce cas, non plus qu'au précédent, la caution n'a rien à se reprocher, cette fois le créancier est dans la même situation, et on ne voit pas de motif pour le priver de son action.

Une autre question est celle de savoir si le créancier est tenu de conserver aussi bien les accessoires dont la créance n'a été pourvue que depuis l'intervention du cautionnement, que les sûretés accessoires qui la garantissaient lorsque la caution s'est engagée. Dumoulin (Prima lectio Dolana, n° 35), était d'avis que le créancier n'est pas tenu de céder au fidéjusseur les sûretés reçues depuis l'engagement de celui-ci, et à plus forte raison de les lui conserver. Aujourd'hui encore, des interprètes du Code civil tiennent la même opinion et par le même motif. Mais le système contraire semble préférable ; le créancier est également tenu de conserver toutes les sûretés, qu'elles soient antérieures ou postérieures au cautionnement. L'article 2037, en effet, n'autorise aucune distinction semblable à celle qu'on fait dans le système opposé.

Enfin, la caution est-elle complétement libérée lorsque le créancier ne peut plus la subroger à tous ses droits, bien qu'il puisse encore la subroger à une partie? Non, la caution sera tenue dans la mesure des sûretés auxquelles le créancier pourra la subroger, et elle ne sera libérée que pour le surplus ; car si le créancier est responsable de son fait, ce ne doit être évidemment que dans la mesure du dommage que ce fait a occasionné à la caution; il n'y aurait nulle raison de l'étendre au delà.

La caution peut renoncer au bénéfice de l'article 2037, car il est loisible à chacun de renoncer à un droit qui a été établi en sa faveur, lorsque ce droit n'intéresse ni l'ordre public ni les bonnes mœurs (art. 6, Code civil).

2° — Article 2038. « L'acceptation volontaire que le créancier a faite d'un immeuble ou d'un effet quelconque en payement de la dette principale décharge la caution, encore que le créancier vienne à en être évincé. »

Cette décision est fondée sur l'idée vraie, ce semble, que la *datio in solutum* n'est pas un payement, mais qu'elle constitue une vente ; le créancier achète au débiteur l'objet de la *datio in solutum* pour un prix

égal au montant de sa créance; puis, immédiatement, une compensation s'opère qui libère le débiteur, et par suite les cautions. S'il y a ensuite éviction, c'est l'action née de l'obligation de garantie
que pourra invoquer celui qui a reçu la *datio in
solutum*; or, les cautions ne sont pas tenues de cette
obligation. De plus, la décision de l'article 2038 se
justifie par des considérations d'une autre nature. La
caution qui remplit un office de bienfaisance, fort
onéreux parfois, ne doit pas être tenue trop rigoureusement; or, elle s'est crue libérée par la *datio in
solutum*, elle a cessé de veiller sur la situation du
débiteur pour la conservation de ses droits, elle n'a
point invoqué l'article 2032, lors peut-être qu'elle en
aurait eu l'occasion; dès lors il est juste de la tenir
pour libérée.

Au cas de l'article 2038, le créancier qui reçoit la
datio in solutum de la part du débiteur, pourrait-il,
par une clause expresse, retenir la caution dans les
liens de l'obligation? L'affirmative est soutenue (1).
Dans un autre système, on fait une distinction (2):
si la clause qui maintient la caution obligée, lui a été
signifiée, on veut qu'elle demeure tenue, tandis que
faute de signification, la clause demeure sans effet,
et la caution est libérée. Il semble qu'aucun de ces
deux systèmes ne doit être adopté, et qu'il faut décider que la *datio in solutum* décharge toujours la
caution, quelque clause que le créancier y ait insérée, et quelque signification qu'il en ait faite. En

(1) Duranton, t. XVIII, n° 383.
(2) Ponsot, Tr. du Cautionnement, n° 337.

effet, la loi déclare la caution libérée par cela seul que la *datio in solutum* intervient ; c'est un droit qu'elle lui confère ; or, ce droit ne saurait lui être enlevé par une manifestation de volonté du créancier, qu'elle lui ait été, ou non, signifiée.

Pour que la solution de l'article 2038 soit écartée, il faut une manifestation de volonté de la caution elle-même ; et même, à proprement parler, cette manifestation de volonté n'empêche pas l'effet libératoire de l'article 2038 de se produire ; le premier cautionnement s'éteint, et c'est en réalité un second cautionnement que contracte la même personne qui était liée par le précédent.

Si le débiteur a fait, non une *datio in solutum*, mais un véritable payement, et que le créancier soit ensuite évincé, il semble que la caution ne sera pas libérée en ce cas. Le payement étant non avenu, l'ancienne dette subsiste, et avec elle ses accessoires, au nombre desquels figure le cautionnement. L'article 2037 ne saurait être ici appliqué, car la même raison de décider n'existe pas au cas de payement et de *datio in solutum.*

3° Le cautionnement s'éteint par l'expiration du temps pour lequel il avait été contracté. S'il n'a été fait aucune limitation de temps, la caution est indéfiniment tenue, sauf après dix ans à invoquer l'article 2032, 5°, si elle est dans un cas d'application de cet article. Par exception, dans le cas de délaissement en matière d'assurances maritimes si l'assureur élève des contestations, « l'admission à la preuve ne suspend pas les condamnations de l'assureur au

payement provisoire de la somme assurée, à la charge
par l'assuré de donner caution ; l'engagement de la
caution est éteint après quatre années révolues s'il
n'y a pas eu poursuite » (art. 384, Code comm.). Une
exception du même genre est établie par l'article 771,
Code civil.

L'article 2039 décide que la prorogation du terme
accordée au débiteur ne libère pas la caution; mais
il l'autorise en ce cas à poursuivre le débiteur pour
le forcer au payement. Si la caution ne veut pas agir
contre le débiteur, et si elle préfère demeurer obligée, elle profitera de la prorogation du terme, et la
volonté du créancier non plus que celle du débiteur,
ne pourrait l'en priver.

Extinction du cautionnement à suite de l'extinction de l'obligation principale.

Le cautionnement est l'accessoire de l'obligation
principale, il s'appuie sur elle; aussi s'éteint-il quand
elle disparaît par quelqu'une des causes énumérées
par l'article 1234.

1° En première ligne se place le payement par le
débiteur. Il fera disparaître le cautionnement, en
même temps que l'obligation principale ; le payement fait par un tiers avec subrogation (art. 1250, 1°)
n'aurait pas le même effet, il n'éteindrait ni l'obligation du débiteur ni par suite celle de la caution.

La consignation régulièrement achevée vaut payement, et libère la caution, tout comme le débiteur.
Si la caution n'a garanti qu'une partie de la dette,
la moitié par exemple, et que le débiteur ait payé
une moitié de ce qu'il doit, la caution est-elle libé-

rée? Non; car elle s'est obligée précisément afin de garantir le créancier de l'insolvabilité partielle du débiteur. Cette solution est universellement admise aujourd'hui, mais dans l'ancien droit, on la trouve contredite par un arrêt du parlement de Paris rapporté par Brillon, Dict. des arrêts, v° Caution, n° 353.

2° La dette principale s'éteignant par novation, le cautionnement disparaît aussi (art. 1281, 2°). Et il n'est pas au pouvoir des personnes qui font la novation de conserver ce cautionnement en manifestant leur volonté à cet égard. Le cautionnement s'éteint nécessairement; et tout ce que peut faire la caution, c'est fournir à la nouvelle dette un nouveau cautionnement, si elle le juge à propos. L'article 1281, 3°, prend soin de déclarer que si, en cas de novation, le créancier a exigé l'accession des cautions, l'ancienne créance subsiste, si elles refusent d'accéder au nouvel arrangement. Il n'y a eu en ce cas qu'une novation sous condition suspensive, la condition ne se réalisant pas, la novation est non avenue, l'ancienne dette subsiste, et dès lors, il va de soi que la caution demeure tenue, comme elle l'était auparavant.

3° La remise de la dette au débiteur principal, entraîne la libération de la caution (art. 1287, 1°). Si le créancier n'avait fait la remise que sous la condition que la caution resterait obligée, la condition étant irréalisable, la remise devrait être considérée comme nulle, et la caution demeurerait obligée, parce que le débiteur principal le serait encore.

La remise une fois consentie, la caution y a un

droit acquis, et elle le conserve, lors même que le débiteur renoncerait à l'invoquer. Ce qui vient d'être dit ne s'applique qu'à la remise volontaire; quant à la remise faite par concordat, au cas de faillite, elle est considérée comme forcée, à raison de l'insolvabilité du débiteur, et dès lors la caution demeure obligée, puisque c'est précisément en vue de suppléer à l'insolvabilité du débiteur qu'elle s'est engagée (1) (art. 545, Code comm.).

4° « La caution peut opposer la compensation de ce que le créancier doit au débiteur principal (art. 1294, 1°). Cette solution s'applique certainement à la caution pure et simple; faut-il l'étendre aussi à la caution solidaire? Le motif de douter vient de l'article 1294, 3°, où il est dit que le débiteur solidaire ne peut opposer de compensation de ce que le créancier doit à son codébiteur. Mais il a déjà été dit que la caution solidaire n'est assimilée au débiteur solidaire qu'au point de vue de la discussion et de la division; à tous autres égards, il faut lui appliquer les règles du cautionnement, et par suite la disposition de l'article 1294, 1°.

5° La confusion, qui réunit sur la même tête les qualités de créancier et de débiteur, éteint la créance (art. 1300), et par suite le cautionnement. Mais cette situation peut se trouver modifiée, et la confusion peut venir à cesser, la créance reparaissant alors, le cautionnement renaîtra-t-il avec elle?

Il faut faire une distinction. La confusion cesse-t-elle,

(1) Arrêtés de Lamoignon, Tit. des Cautions. article 13.

ex causa nova, le cautionnement ne renaît pas. Cesse-t-elle *ex causa antiqua*, de façon que l'événement même qui a amené cette confusion étant annulé, elle soit censée n'avoir jamais existé, le cautionnement reparaît avec la dette.

6° Perte de la chose due. Dans le cas où il est dû un corps certain, et où, sans la faute du débiteur, avant sa demeure ou depuis sa demeure, s'il prouve que la chose eût également péri chez le créancier, cette chose périt, l'obligation est éteinte, et le cautionnement disparaît avec elle. Le débiteur, en ce cas, d'après l'article 1303, est tenu de céder au créancier les droits et actions qui peuvent lui appartenir, à l'occasion de la perte de l'objet dû ; la caution ne garantira pas cette obligation, car elle ne s'y est nullement engagée, et le cautionnement doit être exprès : il ne se présume pas. Du reste, dans notre droit, où la convention suffit pour transférer la propriété, il est bien difficile de trouver un cas d'application de l'article 1303. Dans l'article 1182, on voit l'obligation conditionnelle ne pas transférer la propriété immédiatement. Il semblerait qu'en ce cas, si la chose s'est détériorée en partie par la faute d'un tiers, et que l'acheteur maintienne le contrat, il y aura lieu pour lui de se faire céder les actions nées de cette détérioration. Mais il n'en est rien. La condition accomplie rétroagit, en effet, et il est censé avoir été propriétaire dès l'instant du contrat ; par suite, les actions sont nées en sa personne.

Si la chose due a péri par le fait de la caution, le débiteur qui ne répond pas d'elle sera libéré ; la caution, par suite, se trouvera aussi libérée. Ce résultat est forcé, car il est de l'essence du contrat que la caution ne peut être obligée là où il n'y a point de dette principale. Seulement, comme c'est elle qui a fait périr la chose, elle sera tenue de dommages envers le créancier (Pothier, Tr. des Oblig., n° 666).

Dans le cas où la perte de la chose due ne libère pas le débiteur, la caution restera tenue, et elle garantira le payement des dommages-intérêts.

7° L'obligation principale étant annulée ou rescindée, le cautionnement disparaîtra-t-il avec elle? Une distinction est ici nécessaire; elle a déjà été présentée à un autre point de vue, à propos de l'article 2012, et on la trouve reproduite dans l'article 2036. L'obligation est-elle anéantie à cause d'un vice créant une exception inhérente à la dette, la caution est libérée comme le débiteur. Au contraire, la caution reste tenue, si le vice qui a amené l'anéantissement de l'obligation du débiteur principal ne créait qu'une exception purement personnelle à ce débiteur.

8° L'obligation principale disparaît, et le cautionnement avec elle, par l'effet de la condition résolutoire. Dans ce cas, comme dans l'hypothèse précédente, le cautionnement disparaît non-seulement dans l'avenir, mais aussi dans le passé; non-seulement il n'existe plus, mais il n'a jamais existé.

L'article 520 du Code de commerce énonce une exception à la règle qui vient d'être posée. Il y est dit : « En cas d'inexécution, par le failli, des conditions de son concordat, la résolution de ce traité pourra être poursuivie contre lui devant le tribunal

de commerce, en pré--ence des cautions, s'il en existe,
ou elles dûment appelées. La résolution du concordat
ne libérera pas les cautions qui y seront intervenues
pour en garantir l'exécution totale ou partielle. »
Cette solution est conforme aux principes, car c'est
précisément pour exécuter les obligations du débiteur, à son défaut, que les cautions se sont obligées;
et la résolution fondée sur l'inexécution par le débiteur ne peut être assimilée à la résolution résultant
d'une clause du contrat acceptée par les parties. Il
semble qu'il faut étendre la solution de l'article 520
du Code de commerce à tous les cas analogues, et
dire que lorsqu'un contrat synallagmatique est ré-
solu faute d'exécution (art. 1184), la caution n'est
point libérée, et qu'elle demeure tenue des dommages-intérêts dus par le débiteur (1).

9° Quand le débiteur a opposé la prescription, la
dette cesse d'exister civilement, et la caution est libérée tout comme le débiteur, bien qu'un cautionnement pût encore s'adjoindre à la dette naturelle que
la prescription laisse subsister. Lors même que le débiteur n'a pas opposé la prescription, dès que le
temps en est accompli, la caution a un droit acquis à
l'opposer de son chef, et la reconnaissance faite par
le débiteur après le délai ne saurait préjudicier à
celle-ci (art. 2225). Mais tant que la prescription n'est
pas acquise, l'interpellation faite au débiteur principal ou sa reconnaissance interrompt la prescription
contre la caution (art. 2250). Le débiteur, en effet, a

(1) Troplong, sur l'article 2036.

qualité pour perpétuer, mais non pour augmenter l'obligation de la caution.

Il reste à rechercher l'effet que pourront avoir, sur l'existence du cautionnement, le serment prêté ou refusé par le débiteur, la chose jugée pour ou contre lui, et enfin la transaction intervenue entre lui et le créancier.

1° « Le serment déféré au débiteur principal libère également les cautions » (art. 1365).

Par contre, le refus de serment du débiteur, ou le serment prêté par le créancier contre le débiteur est opposable à la caution, car le débiteur a qualité pour perpétuer l'obligation de celle-ci.

2° Les solutions données par rapport au serment s'appliquent également à la chose jugée. Ce qui a été jugé en faveur du débiteur peut être invoqué par la caution; et ce qui a été jugé contre le débiteur est opposable à la caution. La première de ces deux solutions n'a jamais été contestée; quant à la seconde, elle a été autrefois controversée. Bartole, sur la loi 1, Dig., *judicatum solvi*, n° 1 et 2, décidait que celui qui était intervenu comme caution dans un contrat n'était pas lié par la chose jugée contre le débiteur : « Teneo hoc pro vero quod in fidejussore contractus non fit executio sine novo processu. » Mais le même jurisconsulte admettait le système contraire pour celui qui avait cautionné les effets d'un jugement. La solution qui a été donnée ici part du principe que le débiteur doit être considéré comme le représentant de la caution dans la défense des intérêts qui leur sont communs. La caution à qui on peut opposer le jugement rendu contre le débiteur a le droit d'en appeler (1). Elle conserve ce droit, lors même que le débiteur condamné aurait acquiescé au jugement rendu contre lui, car il ne peut, par son fait, la priver d'un droit qui lui est acquis, ce serait augmenter son obligation, et il n'a point qualité pour agir ainsi (Merlin, Quest. de droit., V° Acquiescement). Peu importe que l'acquiescement ait été exprès ou qu'il soit tacitement résulté d'un acte d'exécution. Mais le droit d'appeler s'éteint pour la caution par le délai qui est imparti dans ce but au débiteur principal, sans qu'il soit nécessaire qu'elle ait reçu signification du jugement et sans l'écoulement du délai ordinaire depuis cette signification.

Si le jugement n'est pas susceptible d'appel, la caution pourra, comme le débiteur lui-même, l'attaquer par la voie du recours en cassation ou de la requête civile. Quant à la tierce opposition, elle n'y pourrait recourir que si elle établissait qu'il y a eu une collusion frauduleuse entre le créancier et le débiteur. En ce cas, en effet, le débiteur ne l'a point représentée dans l'instance.

3° Le créancier et le débiteur ayant fait une transaction, la caution peut l'invoquer si elle lui est avantageuse; si, au contraire, elle lui est préjudiciable, en ce qu'elle augmente le poids de l'obligation, le créancier ne pourra point la lui opposer, car le débiteur ne représente pas la caution pour augmenter son engagement sans sa participation.

____

(1) L. 5, Dig., t. de appellationibus.

Suivant M. Ponsot (n° 357), si la transaction avantageuse au débiteur a eu pour but de le faire renoncer à une exception à lui purement personnelle, la caution qui ne pouvait se prévaloir de l'exception ne pourra pas davantage invoquer la transaction. Il ne semble pas qu'on doive admettre cette solution.

En effet, un mineur a emprunté mille francs ; que la caution soit tenue à mille, et qu'elle ne puisse invoquer l'exception, cela ne va pas contre la loi, car il n'y a là qu'un *arctius vinculum*, la somme due par le débiteur et par la caution est la même, il n'y a de différence que dans l'efficacité des moyens de contrainte. Mais que si ce mineur transige en majorité et réduit son obligation à cinq cents francs, la caution demeure tenue à mille, c'est ce qui paraît inadmissible ; car en ce cas, son obligation serait plus étendue que la dette principale, et c'est ce qu'interdit en termes formels l'article 2013.

POSITIONS.

DROIT ROMAIN.

I. Le *jus italicum* est une prérogative du sol et non des personnes.

II. Pour que le mariage existe en droit romain, deux conditions doivent être réunies : le consentement, la possibilité de cohabitation.

III. Ce n'est qu'entre citoyens romains qu'il y a lieu à la distinction de l'*in bonis* et du *nudum jus Quiritium;* la tradition d'une *res mancipi* en transfère la pleine propriété du moment qu'un pérégrin y figure, soit comme *tradens,* soit comme *accipiens.*

IV. La *litiscontestatio* entraîne novation, dans les *judicia legitima,* lorsque l'action est *in personam* et *in jus.*

DROIT DES GENS.

I. Un individu condamné par une juridiction criminelle étrangère ne pourra être de nouveau jugé en France pour le fait qui a amené la première condamnation.

II. L'inviolabilité et l'exterritorialité sont deux principes distincts et qui ne se lient pas nécessairement l'un à l'autre.

III. Les propriétés ennemies sur navire neutre ne peuvent être saisies par les belligérants non plus que les propriétés neutres sur navire ennemi, sauf ce qui concerne la contrebande de guerre.

DROIT FRANÇAIS

1° *Histoire du droit.*

I. L'origine des justices seigneuriales est dans les chartes d'immunités de l'époque franque.

II. A l'époque de la personnalité des lois, il ne fut jamais permis à chacun de choisir la loi par laquelle il voulait être régi.

2° *Origines féodales et coutumières du droit.*

I. L'origine du régime de communauté est dans le droit germanique et dans la société d'acquêts mentionnée par les monuments de l'époque franque et de l'époque féodale.

II. La règle que le partage est déclaratif fut d'abord admise dans le but de soustraire cet acte au payement des droits seigneuriaux de mutation.

3° *Code Napoléon.*

I. L'enfant né de beau-frère et belle-sœur ne peut être légitimé par l'obtention de dispenses suivie de mariage.

II. La donation déguisée est nulle pour défaut de formes.

III. L'article 1141 n'est qu'une application de la règle posée dans l'article 2279.

IV. Quand les deux époux aliènent conjointement un bien commun pour constituer une rente viagère reversible pour le tout sur la tête du survivant, ils se font une donation mutuelle et réciproque qui tombe sous le coup de l'article 1097.

4° *Droit criminel.*

I. En cas de duel, les deux adversaires sont punissables lors même qu'ils ont cessé le combat de leur propre mouvement, et sans qu'aucun d'eux ait été atteint.

II. La nullité même relative du premier mariage invoquée par le bigame forme question préjudicielle au jugement, et cette question est de la compétence de la juridiction civile.

5° *Droit commercial.*

I. Tout acte d'acheter pour revendre avec esprit de spéculation est un acte de commerce, quand il s'applique à des objets mobiliers.

II. Il est de l'essence de la lettre de change d'être négociable.

6° *Droit administratif.*

I. La loi du 2 messidor an VII est abrogée par les lois qui ont ordonné la confection du cadastre. Les communes dont le contingent foncier est trop élevé doivent prendre la voie de pétition au préfet.

II. Le tribunal qui prononce l'expropriation pour cause d'utilité publique a le droit d'examiner si toutes les formalités préalablement nécessaires ont été remplies, et si les actes dont il s'agit ont un caractère de validité.

Vu par le président de la thèse,
E. BONNIER.

Vu par le Doyen de la Faculté,
G. COLMET-DAAGE.

Vu et permis d'imprimer, le Vice-Recteur
de l'Académie de Paris,
A. MOURIER.

TABLE

DEUXIÈME PARTIE. — DROIT FRANÇAIS.

I. Ancien Droit.

II. Code Napoléon.

Contraste insuffisant

NF Z 43-120-14

www.ingramcontent.com/pod-product-compliance
Ingram Content Group UK Ltd.
Pitfield, Milton Keynes, MK11 3LW, UK
UKHW021210140726
13695UKWH00002B/446